성해방은 진행중인가?

마르셀라 이아퀴브

권은희 옮김

東文選

성해방은 진행중인가?

Marcela Iacub
Qu'avez-vous fait de la libération sexuelle?

This edition was published by arrangement
with Flammarion, Paris
through BF Agency, Seoul

파트리스 마니글리에에게

"진지한 도덕적 표현들은 대개 풍자적 표현들보다 그 효과가 덜하다. 대부분의 사람들을 꾸짖는 데는 그들의 잘못들을 묘사하는 것보다 나은 방법이 없다. 그 잘못들을 모든 사람의 웃음거리가 되도록 공개한다는 것은 악덕에 대한 엄청난 공격인 것이다. 사람들은 질책은 쉽게 묵인해도, 조소는 좀체 묵인하지 않는다. 고약한 사람이 되는 건 원할 수 있어도, 웃음거리가 되는 것은 조금도 원하지 않는 법이다."(몰리에르의 《타르튀프》 서문에서)

차 례

머리말

내 이름은 루이즈 튀젠. 현대의 많은 다른 여성들과는 달리 내 인생은 끝도 없는 지적인 실패의 연속이었다. 수의사가 되고 싶었지만 뜻대로 되지 않았다. 그후 법학을 공부했지만 불행하게도 이것 역시 그만두어야 했다. 그리고 내가 쓴 것은 아무도, 그것이 아무리 작은 광고라 해도 발행하려고 하지 않았다. 따라서 많은 사람들의 눈에는 우리 사회를 괴롭히는 미묘한 문제들을 다룰 능력이 내게는 없는 것으로 비춰졌다.

따라서 이 글을 읽는 여러분들은 그러면 도대체 어떻게 이 책이 출판되었는지, 특히 어떻게 내 글이 지닌 많은 결점에도 불구하고 일부 사람들이 '새로운 성질서'(여전히 그 사람들이 무엇에 관해 이야기하는지 잘 모르는 채)라 부르는 것에 대해 내가 이 책에서 반박하고 있는지 의아하게 생각할 것이다. 사실을 얘기하자면 나 자신도 잘 모른다. 이 조사를 시작했을 때, 나는 우리가 완전한 성적 자유를 누리고 있다는 어떤 커다란 환상에 현혹되어 있다고 추측하고 있었다.

주위의 모든 사람들이 내게 훈계하듯이 오늘날에는 누구나 손쉽게 쾌락을 접할 수 있다고 설명했다. 주위를 둘러보면 그 사실을 쉽게 확인할 수 있는데, 피임 · 낙태가 허용되고, 간통도 더 이상 처벌받지 않으며, 동거는 평범한 일이 되어 버렸고, 동성애자들 역시 떳떳이 그들의 삶을 살 수 있을 뿐 아니라 결혼도 가능하며, 그 기막힌 파크(PaCS, 시민연대협약) 덕분에 합법적인 상태를 확보하게 되었다.

그렇지만 몇 가지 의문들이 나를 혼란스럽게 했다. 우선 매춘이 다른 직업들처럼 하나의 사회 활동이 되지 못했다는 것과, 매춘의 폐지를 주장하는 움직임이 점점 더 많은 지지를 받기 시작했다는 점이다. 포르노그래피에 대해서도 사정은 마찬가지였다. 그러나 어느 날 내가 조금은 우연히 발견한 사실이 우리가 마침내 완벽한 성적 자유를 누리는 세계에 도달했을 것이라는 생각을 사실상 뒤흔들었다. 즉 현재 프랑스의 재소자들의 4분의 1이 성범죄로 수감되었다는 것이다. 더구나 이 수치는 계속해서 증가하고 있다. 어쨌거나 성적 자유를 추구하는 사회에서, 마치 그 귀중하고도 무시무시한 자유에 대해 경의를 표하는 것처럼 성범죄로 감옥에 가는 사람들의 수가 엄청나게 증가하는 것을 보고 이상하다는 생각을 하지 않을 수가 없었다.

이번 조사를 시작한 목적은 이 미묘한 문제들을 조사하고, 특히 내가 품은 의혹들의 정당성을 밝히는 데 있었는데, 왜냐하면 나는 어떤 상황을 이해하는 내 능력에 대해 한번도 확신을 가진 적이 없었기 때문이다. 그러나 이 글을 읽어 나가다 보면 알게 되겠지만 나는 목적을 달성하지 못했다. 즉 어떤 분석적인 결론도 도출하지 못했다는 말이다. 불행히도 시간이 부족했다. 이번 연구를 위해 내가 좋아하는 어느 장소에서 한동안 칩거 생활을 했는데, 그곳이 어디였는지 지금은 밝히고 싶지 않다.

조사를 위해 여기저기 다녀야 했고, 사람들과 토론하며 그들의 이야기를 듣고 서로의 주장을 교환하고, 그 내용들을 관련 자료에 다시 정리하는 식으로 연구가 이루어졌다. 물론 그렇게 과학적인 방법은 아니지만 내가 가끔 참조하는, 이 방면의 일부 권위자들도 내가 한 조사 방법보다 더 나은 방법(신문에 글을 쓰거나 대학에서 강의를 하는 이들이라 해도 말이다)을 사용하지 않는다는 것을 알게 됐다(이 글을 읽는 여러분에게도 그 사실을 확인할 기회가 올 것이다). 그리고 나서 나는 원고를 한 괴짜 출판인에게 보냈고, 그는 내 글이 형편없는 글의 극치이기 때문에 출판하겠다라는 답장을 보내왔다. 그러나 그는 출판에 한 가지 조건을 내걸었다. 그가 책 후기를 쓰겠다는 것과, 책이 출판되기 전에는 나에게도 그 내용을 밝히지 않겠다는 것이었다. 그의 편지는 소위 말하는 피루스의 승리〔고대 에피루스의 왕인 피루스와 관련하여 나온 말로 실속 없는 승리, 상처뿐인 영광을 의미〕라는 인상을 내게 주었다. 처음으로 내 책의 출판이 결정된 이유가 그 속에 담긴 내용이 아니라 글의 결점들 때문이라니.

날 위로해 주려고 남편은 형편없다는 건 칭찬을 돌려서 말한 것이며, 이해력이 부족한 사람들이나 그런 말을 하는 것이라고 했다.

고백하지만, 나는 그 말을 한마디도 믿지 않았다.

루이즈 튀젠

2002년 9월 6일, 파리

1

매춘 여성들은 성적으로 자유로운가?

내가 제일 먼저 조사한 것은 매춘에 대해서였는데, 그 이유는 오늘날 모든 사람들이 언급하는 문제였기 때문이다. 사실 우리는 단순히 말하는 것에 그치지 않으며, 매춘 시스템뿐만 아니라 매춘 여성들을 사는 사람들에 대해서도 아주 혹독하게 비난한다. 게다가 이러한 비난은 점점 더 중요하게, 구체적으로 받아들여지고 있다. 스웨덴 · 프랑스 등의 나라들에서는 매춘 여성들의 고객들을 처벌하기 위한 새로운 법들이 제정되었다.[1)]

내가 항상 매춘에 대한 이러한 금지를 이해하지 못했던 이유는, 매춘에 종사하는 여성들 스스로 매춘에 동의하고 있다는 점 때문이었다. 성과 관련하여 어릴 적부터 들어온 중요한 한 가지 사실(여러분이 범죄를 저질렀다거나 범죄의 희생자라는 말을 경찰로부터 듣지 않기 위한)은 서로간의 동의가(적어도 열여섯 살 이상이 됐다고 했을 때) 필요하다는 것이었다. 따라서 이 분

1) 프랑스의 경우, 현재 매춘에 대한 처벌은 미성년자 매춘 고객에 한한다.

야에서는 그 자명한 이치를 다시 살펴봐야 할 것 같았다. 우리의 어머니들이 여성들에게 성관계를 갖도록 강요한 이들에 대항하여 싸우지 않았던가? '강요한다' 라는 표현을 쓴 이유는, 돈을 받기로 하고 성관계에 서로 동의하는 것은 내가 알기로는 강요가 아니기 때문이다. 대가를 받기 때문에 '예스' 라고 대답하는 여성에게는 그렇게 하지 않을 자유가 있다. 그렇지 않으면 매번 계약할 때마다 우리가 바라는 어떤 대가 때문에 그 동의는 자유로운 것이 아니며, 무엇인가를 얻기 위해서는 다른 무엇을 주어야 한다는 그 한 가지 사실이 우리를 노예로 만듦을 고려해야 할 것이다. 그러나 그런 식으로 생각해 본다 해도 예나 지금이나 주인의 소유물이며, 주인의 요구를 거부하지 못하는(특히 계약하는 일 따위는 꿈도 못 꾸는) 진짜 노예들의 위치를 정당화하진 못한다.

그렇지만 현실은 매춘 여성들이 처한 이러한 노예의 상황이 은유가 아니라 명백한 현실임을 우리에게 믿게 하려는 것 같다. 상당수의 매춘 여성들이 자신들에게 노예처럼 일할 것을 강요하는——바로 경찰이 해결해야 할 일이다——개인이나 마피아 조직의 희생자라는 것이 사실이다. 그러나 그렇다고 해서 모든 매춘 여성들이 그같은 상황에 빠져 있다거나, 그 상황이 매춘과 불가분의 관계에 있음을 의미하지는 않는다. 프랑스에, 단지 엄격한 이민법을 어긴 대가를 치르기 위해 열악한 작업장에서 수년 동안 여러분들이 입고 있는 옷을 만드는 사람들이 있다는 것을 우리는 잘 알고 있다. 하지만 그렇다고 해서 재봉일을 금지해야 한다고 생각하는 사람은 아무도 없다.

그러나 매춘에 관해 내가 갖는 의혹들이 그러한 고도의 사고 결과에서 나온 것은 아니다. 실은 그 생각들은 소꿉친구인 앙젤르와 대화를 나누었던 때로 거슬러 올라간다. 그 친구는 오히려 매춘을 통해 어려운 상황을 잘 헤쳐나온 경우였다. 앙젤르에게 있어 매춘은 자신의 자유를 제한하기는커녕 증진하는 수단이었다고 말할 수 있다. 정부 장학금도 받지 못하고, 가정 형편도 부유하지 않았던 내 친구는 학비를 벌기 위해 일주일에 한두 번 정도 매춘을 하기로 결심했다. 미인이었던 친구는 많은 돈을 모을 수 있었고, 호화로운 조건 속에서 수의사 학위를 땄다(한동안 나는 친구가 수의사 자격증을 딴 것에 대해 꽤 질투했었는데, 어릴 적부터 동물들을 돌보고 함께 생활하는 것이 내 꿈이었기 때문이다). 예전의 학급친구들과 그녀의 상황을 비교해 봤을 때, 나는 그녀의 삶이 불행하다고 확신하기가 어려웠다. 넉넉한 개인적 자산에도 불구하고 시작한 일을 끝까지 성공적으로 이룬 적이 없는(나는 실패의 원인을 매춘 때문이라고 돌릴 수도 없다) 내 경우를 제외하고, 생각해 보면 많은 친구들이 매춘보다는 오히려 맥도널드나 전화 여론 조사 기관 같은 곳에서 반나절 근무를 원했지만 그녀들은 결국 많은 빚까지 진 후 학업을 포기하여야 했다. 일부 친구들은 여러 가지 아르바이트를 해가며 공부를 끝까지 마칠 수는 있었지만 훨씬 뒤늦게, 그리고 많은 희생을 치른 뒤였다. 그녀들이 느낀 씁쓸함은 끝내 그들로 하여금 게으른 자들이나 이방인들, 프랑스를 좋아하지 않으며, 프랑스인이 될 자격이 없는 기생충 같은 존재들이나 부양하는 사회복지 국가를 증오하게 만들었다. 여러분들은 아마도 이 여성들이 자신들의 정조나 오늘날 쓰는 용어로 존엄성을 지켰다고 말할지도 모르지만, 그녀들의 이야기를 들은 나로서는 그러한 생각에 그다지 확신이 가지 않는다.

어쨌든 마리 쿠르제트(쿠르제트는 '기다란 호박'을 의미, 마리가 열렬한 채식주의자였기 때문에 그렇게 불렀다)라는 친구는 맥도널드를 선택한 것에 대해 아주 자랑스러워하는 것 같지 않았다. 특히 동물 보호주의자들이 이 거대 기업의 그 유명한 햄버거에 사용되는 돼지들과 닭들이 도살 과정에서 끔찍하게 학대받는다는 사실을 폭로한 이후로 더욱 그러했다. 사실 이 모든 것은 지구상의 어느곳에든 우리가 인간의 고통과 마찬가지로 동물의 고통까지도 의식하고, 그 고통에 동참하는 우리의 방식을 인식하게 될 때 자신의 정조나 도덕(유행하는 말을 빌린다면)을 지키는 것이란 아주 복잡한 일임을 말하기 위한 것이다. 깊이 생각하지 않더라도, 예를 들면 우리가 맥도널드에 들어감으로써 우리는 마리 쿠르제트 같은 젊은 여성들의 고통, 즉 그녀들의 학업과 사회적 실패에 기여하게 되는 것이다. 뿐만 아니라 이런 형태의 기업이 존재하지 않았다면 아직도 자유롭게 달리고 날아다니고 있을(내 삶에 많은 영향을 끼친 호주의 한 위대한 철학자[2]의 말처럼 말이다) 무고한 동물들의 학대에도 한몫을 하는 셈이다.

그러나 내가 여기서 이야기하고 싶은 건 매춘에 관한 것이므로, 동물들을 향한 설명할 수 없는 내 사랑으로 화제가 넘어가서는 안 되겠다. 따라서 앞서 얘기한 것처럼, 내 친구 앙젤르의 인생 행로는 내게 매춘을 다른 관점에서 보도록 해주었다. 사실 매춘을 하는 다른 여성들이 앙젤르만큼 돈을 버는 것은 아니며, 그녀처럼 더 만족스러운 장래의 직업을 갖기 위해 일시적으로 그 일을 하는 것도 아니다. 그러나 대중 교통 수단에 몸을 싣고 지긋지긋한 교통 체증에 시달려야 하고 고용주들의 잔소리, 보잘것없는 임금을 감수하며 장시간 일해야 하는 다른 많은 여공들의 사정도 마찬가지가 아닐까? 하루 종일 청소부 일을 하는 여성들 역시 나중에 전문적인 직업을 가질 수 있을 것이라는 커다란 희망을 품지 않는다. 매춘 여성들이 일을 할 수 없도록 막는 것은 어리석은 일이며, 그보다는 네덜란드나 독일처럼 그녀들의 일을 조직화하고 권리를 부여하는 일에 전념하는 것이 불쌍한 매춘 여성들을 위하는 일일 것이다. 조금 전에 말했듯이 매춘이라는 일이 여성에게 나쁜 이유는 노동 조건 때문이지, 그 일의 본질 때문은 아니다. 다른 직업들에서도 근로자들의 추상적 의미의 자유에 대해 의문을 가지는 사람은 아무도 없으며, 오히려 그들의 생활 조건들을 개선할 수 있는 방법들에 대해 생각한다. 그러나 매춘하는 여성들에 대해서는 전혀 그렇지 않은데, 매춘 여성들을 비방하는 이들의 말을 빌리자면, 노동

---

2) 루이즈 튀젠은 《동물 해방 *La Libération animale*》의 저자인 피터 싱어의 유명한 논문들에 대해 암시하는 것 같다.

조건들의 개선은 불운하게 매춘에 빠지게 된 여성들이 잘못 든 길에서 빠져나오도록 돕기는커녕 더 많은 매춘 여성들이 생기도록 부추기기 때문이라는 것이다. 이상이 바로 친구 앙젤르의 이야기에서 내가 이끌어 낸 결론들이다.

이 생각들의 도출로 나는 나 자신이 똑똑하다고 느끼게 됐다. 마치 처음으로 내가 다른 사람들의 생각들로 이루어진 거미줄에서 빠져나올 수 있었던 것처럼 말이다. 하지만 프랑스의 페미니스트들이 내 결론에 동의하지 않는다는 것을 안다. 왜냐하면 매춘이 현실적 또는 상징적 노예 상태라는 것은 타당한 반론이 되지 못하며, 고급 콜걸들이 하급 매춘 여성들과 같은 운명을 받아들이지 않을 것이라는 생각에 일부 페미니스트들이 동의한다 하더라도, 그녀들은 매춘에 반대하는 또 다른 반론들과 이유들을 가지고 있기 때문이다.

"수천 번 말했지만 여자는 그런 식으로 남자와 동침하지 않습니다. 기계적으로 성관계를 하는 건 남자들뿐이에요. 여성들에게 있어서 성은 전체적인 관계에 포함되어야 하는 것입니다. 그렇지 않을 경우 그건 자기 상실, 즉 남성의 욕망에 자신을 포기해 버리는 것과 마찬가지가 되어 버리게 됩니다."

사람들은 자주 나를 바보나 귀머거리로 취급했고, 수십 년간의 투쟁을 다시 문제삼는 것에 대해 비난했다. 안타깝게도 나와 같은 젊은 여성들을 감시해야 하며, 특히 가부장제에나 유리하게 이용되어 버릴 바보 같은 소리나 여기저기 하고 다니지 않는지 지켜봐야 한다는 얘기까지도 들었다. "그렇다면 남자는 가능한데 여자는 그런 식으로 욕망을 느낄 수 없다는 거예요?"
갑자기 내가 비정상인 것처럼 느껴졌다. 왜냐하면 난 청소년 시절에 경험한 일시적 사랑에서 비이성적인 희열을 느껴 봤기 때문이었다.

다행히 신문과 텔레비전에서 많은 논평의 대상이었으며, 우리의 모든 성생활을 다루고 있는 은색 표지의 책[3]에 관한 이야기를 들은 것이 기억났다. 그 책에서는 진행중인 성혁명의 표시로서 오늘날의 젊은 여성들이 점점 더 남자들과 비슷한 방식으로 자신의 욕망에 몸을 내맡긴다는 것을 보여주고 있다. 어쨌든 여성들은 이제 사랑이 없어도, 단순히 육체적인 욕망을 만족시키기 위해 남자와 성관계할 수 있음을 보여주고 있다.

그러나 이 이야기를 페미니스트들에게 하자마자 펄쩍 뛰었고, '욕망' 이라는 단어를 말하자마자 그녀들은 격분했다.

"정말이지, 당신 같은 사람은 절대로 이해하지 못해요! 매춘은 나빠요. 왜냐하면 매춘 여성들은 성관계를 가지는 순간에 성욕을 느끼지 않으니까요. 욕망을 느끼는 건 고객뿐이에요, 매춘 여성은 주체가 아니라 객체에 지나지 않는 거라구요. 당신이 인용한 그 책에서도 말하고 있듯이 원할 때에만 성관계를 가져야 해요, 알겠어요? 그렇지 않으면 그것은 사랑이 아니라 강간이에요, 계약에 의한 동의를 가장한 강간이라구요"라며 파리

---

3) 루이즈 튀젠이 여기서 말하고 있는 멋진 책은 아마도 자닌 모쉬-라보의 《프랑스의 성생활 *La Vie sexuelle en France*》일 것이다.

13구의 여성 학살 반대 운동의 대표가 내게 말했다.

그녀의 설명은 나를 아주 불편하게 했는데, 만약 그녀가 말하는 게 사실이라면 두 가지 의문점이 생기기 때문이었다.

우선 그 설명대로라면, 원하는 남자에게 강간당하거나 강요된 성관계를 하면서 쾌락을 느끼는 여자는 범죄의 희생자로 여겨져서는 안 된다는 얘기가 된다. 그렇지만 강간이 성립하려면 욕망이나 쾌락이 아니라 상대방의 동의가 없어야 하는데, 그 점은 다행스럽다고 볼 수 있다.

두번째 의문점은 훨씬 난처한 문제이다. 내가 어렸을 때, 내 성교육을 맡았던 언니와 여자 사촌 한 명이 개인적으로 내게 했던 고백들이 기억난다. 그녀들은 내게 배우자와 어느 정도 정기적으로 성관계를 가질 의무가 있기 때문에 종종 욕망 없이도 남편과 동침한다고 말했다. 그런데 어느 날 형부 역시 같은 말을 내게 했다. 그러나 우리 동네의 페미니스트들은 그들의 행동을 매춘에 대한 비난과 같은 식으로 비난하기는 어렵다는 것을 인정해야 할 것이다. 어쨌든 그녀들이 매춘 반대 운동에 쏟는 것과 같은 정도의 열정으로 모든 사람들이 언제나 완전하고 억제할 수 없는 욕망으로 성관계를 갖는지에 대해 감시하는 것 같지는 않다. 그 이야기를 털어놓던 날 형부가 말하기를, 사실 사람들은 성기로 할 수 있는 일을 하는 것뿐이라고 했다.

"처제, 어떻게 설명하면 될까? 그건 쾌락을 얻고 쾌락을 주기 위해, 상처입히지 않기 위해, 곁에 있다는 것을 보여주기 위해, 다른 연인이 없다는 것을 증명하기 위해, 불감증이나 성불능이 아니라는 것을 증명하기 위해 맺는 협정 같은 것이야. 게다가 모든 상황들이 안정적인 것과는 거리가 멀고, 매번 다양하게 변할 수 있어. 마치 한번은 레스토랑에서 식사를 하고, 다음번엔 음악을 듣거나, 아니면 누군가와 함께 영화를 보러 가는 것처럼 말이야. 그걸 하기 위한 이유가 단 한 가지뿐인 건 아니라는 거지……"라며 우울하게 한숨을 쉬며 형부는 결론 내렸다.

형부의 고백은 내게 큰 충격을 주었다. 그러나 페미니스트인 고모는 거기에 동의하지 않았다. 그녀는 아주 과격한 생각을 지녔고, 매춘 문제를 자신의 정치적 싸움의 핵심으로 간주했다. 고모는 항상 매춘에 대한 자신의 신념 때문에 결혼이나 남자와의 동거에 대한 생각을 멀리하게 됐다고 말했다. 매춘에 대한 자기 입장에서 비롯된 필로멘에 대한 그녀의 사랑은 순전히 정치적인 것이라고 주장했다. 그녀는 인류의 대다수가 그렇듯이 자신도 양성애자이고, 자신의 선택은 정치적인 것이기 때문에 남자들뿐 아니라 여성들 가운데서도 선택할 수 있을 거라고 여러 차례 설명한 바 있었다. 그 선택은 그녀가 남성 우위에 대항하기로 약속한 투쟁의 의미를 지니고 있었다. 그녀는 그 투쟁에서 미국 페미니스트들의 사상의 영향으로 자신이 노예 상태이며, 거기에서 해방되는 방법을 깨닫게 되었다고 말했다. 또한 여성들이 남성들의 지배를 받고 억압받는 계층으로 있는 동안은, 그들과의 어떠한 성관계도 자유로울 수 없다고 말했다. 그 결과 여성의 남성과의 동침은 매춘(게다가 매춘이 강간의 한 형태라는 것을 알고 있으면서도) 아니면 강간에 해당하게 된다고 말했다. 따라서 고모의 말에 따르면, 형부가 레스토랑의 예를 들며 한 이야기는 남성들과 여성들 사이에서 실제로 일어나고 있는 일을 지워 버리기 위한 가부장적인 그의 관점일 뿐이라는 것이다. 마치 고용주들이 자신들이 착취하는 노예가 되느냐, 굶어 죽느냐 하는 양자택일뿐인 근로자들에게 그들은 자유롭게 선택할 수 있다고 말하는 것처럼 말이다.

"고모 생각은 좀 지나친 것 같아요"라고 말했는데, 왜냐하면 그 결론이 내게는 억지스러운 것 같은 생각이 들었기 때문이다.

"고집쟁이는 바로 너야. 넌 전혀 이해 못하는구나. 넌 남자들한테 이용당하고 있는 거야. 남성 우위를 위한 선전에 넘어간 거라구."

난 아주 걱정스러웠다. 정말로 내가 이용당하고 있는 건 아닌지, 각종 매체들과 권력의 배후를 조종하고 있는 일종의 로비 같은 건 없는지 생각해 봤다. 그러나 나의 이 불안감은 더욱 근본적인 의문들에 대한 생각을 부추겼다. 나는 이 남성의 영향력이란 것이 결국에는 배우고 이해하는 내 능력을 손상시키고 보잘것없는 것으로 만든 것은 아닌지 자문해 보았다. 요컨대 이렇게 비유해도 될지 모르겠지만, 내가 최면에 걸린 것이 아니었는가 말이다. 왜냐하면 고모의 이야기에 의하면, 공주와 마녀가 등장하는 동화에서처럼 여성들을 잠재우는 일종의 최면 같은 것으로 남성 우위가 이루어지기 때문이었다.

나는 좀더 생각해 보기로 결심했다. 진행중인 조사를 포기하고, 고모의 투쟁에 동참하기 전에 그 가정을 세밀하게 검토해 보기 위해 파리에서 멀리 떨어진 조용한 곳에서 며칠간의 휴가를 가지기로 했다.

2

매춘의 부도덕성

고모의 주장에 상당히 매료되기는 했지만, 고모의 의견 가운데에는 내게 이해되지 않는 것이 있었다. 매춘을 아주 비난받아 마땅한 것으로 말하는 것이나, 한 여성이 남성과 잘 때마다 그녀는 지배받고 강요받는 것이라며 법관과 경찰의 힘을 빌려 그것을 막아야 한다는 것은 확실히 쓸데없는 일이었다. 오랫동안 그 해답을 찾으려 했으나, 실패한 후에 나는 혹시 고모와 그녀의 친구들이 매춘 문제를 놓고 약간의 정치적 선동을 한 것은 아닐까 하고 생각해 보았다. 많은 비난을 받는 매춘 문제를 다루면서, 어떻게 보면 그녀들은 성들간의 불평등이 존재하는 한 남성들과의 모든 성생활을 포기하는 것이 필요(뿌리 깊은 그녀들의 비관론에서 보면, 영원히 성생활을 포기한다는 뜻이다)하다는 것을 여성들이 자각하도록 하기 위해 약간의 침투 공작을 벌인 것이었다. 나는 그 방식이 꽤 기만적이라고 생각했을 뿐 아니라 조금 실망스러웠다. 내가 알고 싶었던 것은 남성들과의 성생활에 있어서 나쁜 점이 아니라 매춘의 어떤 점이 그렇게 나쁜가 하는 것이었다. 어쨌든 그 둘은 다른 문제 같아 보였기 때문이다.

그즈음 스웨덴의 한 여성 국회의원이 국회로부터 승인을 얻어낸, 매춘 여성들의 고객을 처벌하는 법안에 대해 프랑스의 한 텔레비전 프로그램에 나와 옹호하는 것을 들었다. 그녀는 누군가가 성적인 만족을 위해 여성을 사는 것은 그 여성을 물건으로 취급하는 것이며, 그 여성뿐만 아니라 이 세상의 모든 여성들을 차별하는 것(마치 매춘 여성이 일반적인 여성의 지위를 상징하는 것처럼)이라고 단언했다. 이 모든 문제들의 주범이 바로 고객이라는 것이었다. 따라서 그 여성 국회의원은 여성을 사는 사람은 다른 여성들도 매춘 여성들처럼 여길 수 있다고 말했다. 그 고객의 행동이 겉으로 보기에는 별로 중요치 않은 것 같지만, 전체 여성의 이미지를 매춘 여성의 이미지로 깎아내리며 실추시켰다는 것이다. 바로 그러한 논리로 그녀는 매춘 고객이 처벌받아야 한다는 사실의 타당성을 증명했다.

따라서 나는 매춘은 사실 위험한 활동이며, 일종의 체계적 성차별주의 교수법 같은 것임을 이해했다고 잠시 동안 믿었다. 그러나 이내 이 논리가 꽤 막연하다는 것을 깨달았다. 성관계를 갖기로 결심한 사람과 행해진 어떤 행위를 왜 그러한 행동을 하지 않은 다른 모든 사람들에게까지 확대시켜 생각하는 걸까? 게다가 이 논리를 여성의 성도덕에 적용하려 하는 것은 더더욱 이상했다. 이 의문점에 대해 며칠 동안 생각해 봤지만 납득할 만한 답을 찾을 수 없었다. 정확히 말해서 매춘 여성을 비난하는 전통적인 성도덕이 내게는 여성들을 정숙한 이들과 그렇지 못한 이들로 구분하는 것으로 보였다. 말하자면 모든 여성은 선택을 명령받는 것이다. 이러한 대조에 의해서 두 그룹의 여성이 생겨나게 된 것이었다. 나는 학창 시절 어머니가 남자들과 관계를 갖지 말라고 했던 것을 똑똑히 기억한다(하지만 어머니는 남자 형제인 호메르의 성적 정복들에 대해서는 아주 자랑스러워했다). 어머니는 그 반례로 열다섯 살에 두 남자의 아기를 임신한 이웃집 질베르트의 이야기를 들려주었다. "함부로 남자와 자게 되면 너도 질베르트 같은 매춘부가 되는 거야. 그리고 결국엔 진지한 남자라면 누구도 널 원하지 않게 될 거야." 요컨대 매춘 여성을 여성 지위의 상징으로 생각하는 것보다 더 잘못된 것은 없다고 생각한다. 한편 매춘 여성들에 대한 낙인찍기로 인해 여성들은 질베르트와 같은 부류와 어머니가 내게 바라는 여성상에 속하는 부류로 나누어졌다.

따라서 이 모든 추론들보다 우세한 훨씬 단순한 반론을 도출해야 한다는 점은 분명해졌다. 매춘 고객이 자신의 행동으로 인해 전체 여성의 이미지를 더럽힌다는 것이 사실이라 해도 그 때문에 매춘 근절이 필요하다고 결론 내릴 수는 없다고 생각한다. 그 이유는 간단해 보인다. 매춘의 존재로 인해 여성들에게 던져지는 사물화니, 가치 하락이니 하는 비난은 우리 어머니처럼 전통적 도덕을 비난하고 싶어하지 않는 사람들이 정의 내린 웃기는 편견에 지나지 않는다는 것이다. 그 사람들의 생각에 동조해야 할까, 아니면 반대로 매춘이 아니라 그 편견들에 맞서 싸우는 것이 더 옳은 일은 아닐까?

가끔은 내가 몇 주씩이나 걸려 생각해 낸 추론들에 짜증이 난 고모는 결국에는 아주 다른 이야기를 했는데, 내게는 오히려 그 생각이야말로 문제의 핵심을 찌르는 것 같았다. 그녀는 어머니의 얘기가 옳으며, 남성들과 성관계를 갖는 것은 여성들에게 좋지 않으며, 여성들이 많은 관계를 가지면 가질수록 사회적으로 그녀들의 가치는 떨어진다고 주장했다. 내가 의문을 제기할 것이라고 예측한 듯이 고모는 의기양양하고 분명하게 다음과 같이 덧붙였다.

"잠깐만 루이즈, 내 말을 오해하지 말거라. 그런 생각을 해낸 건 내가 아니야. 너도 잘 알겠지만 나는 그렇게 반동적이고 가부장적인 생각들을 못해 낸단다. 하지만 주도권을 가진 사람들, 지배적인 도덕이 그것을 원하고 있어. 따라서 많은 성관계를 가진 여자는 사람으로서의 자신의 가치를 잃은 것으로 취급받지 않을 수가 없는 거야. 그러니까 매춘 여성들은 그 정의상 많은 남성들과 성관계를 가지는 것을 뜻하기 때문에 **더럽혀진** 것으로 보여지지 않을 수가 없단 말이다. 끔찍하지만 그런 거란다."

"하지만 고모, 어떻게 그렇게 말할 수 있죠? 그렇다면 고모도 필로멘과 같이 지내서는 안 되잖아요. 왜냐하면 다른 사람들이 고모를 **더러운 동성연애자**나 그 비슷한 취급을 할 테니까요. 그런 치욕을 피하려면 두 사람은 좋아해서는 안 되잖아요. 정말이지 이해가 안 돼요. 동기가 나쁘기 때문에 나쁘게 받아들여진다는 그 한 가지 이유만으로 어떤 일을 금지해야 할까요?

어떻게 그런 생각에 찬성할 수 있으세요?"

"여전히 넌 아무것도 이해 못했구나, 아무것도 말이다. 너한테 설명하려 애쓰는 건 정말 쓸데없는 짓이야." 토론을 더 이상 질질 끌기가 싫은 고모는 그렇게 대답하고는 몸을 일으켜 장을 보러 갔다.

고모에게는 나같이 이야기를 비뚤게 이해하는 바보와 이야기하는 것보다는 더 나은 할 일이 있는 것처럼 느껴졌다. 그리고 나는 정치적인 문제에는 관심을 갖지 않는 편이 나았을 거라는 생각이 들었는데, 왜냐하면 그런 문제는 고모가 내게 자주 말했듯이, 그녀처럼 민감하고 직관력 있는 사람들의 일이기 때문이다. 유감스러웠지만 그 실패를 체념하고 받아들일 수밖에 없었고, 내가 가진 능력이 보잘것없기는 했지만 매춘이 나쁜 이유를 찾아내기 위해 계속 노력했다. 나한테는 다른 모든 수단이 부족했기 때문에 종이와 펜을 가지고 논리 정연하게 문제를 명확히 하려고 시도했다.

"고모의 의견을 타당한 것으로 본다면 많은 성관계를 가지는 것은, 좀더 정확히 말해 많은 다른 남성들과 성관계를 갖는다는 건 매춘 여성들에게 좋지 않다는 것이다. 이 말은 다르게 말하면 평생 한 남자의 매춘부가 될 경우에는 매춘한다는 비난을 덜 받을 것이라는 이야기이다. 반면 일부 영화 스타들처럼 결혼을 4,50번 하는 건 나쁘게 받아들여질 것이다."

그러나 나는 이내 하던 생각을 멈추었다. 이 모든 것이 터무니없는 것 같았다. 치과에서 기다리는 동안 읽은 여성 잡지에서 우연히 발견한 기사는 내 발견들에 중요한 의미를 부여해 주었다. 이름은 기억나지 않지만(나중에 사용할 것이라고는 생각 못한 채 기사의 일부분만 노트에 베껴 썼기 때문이다) 성문제 전문가인 것 같은 한 여성이 자신을 인터뷰하러 온 사람에게 답변했다.

"우리 사회는 사실상 예전에 자위 행위를 향해 던졌던 것과 같은 비난, 즉 쓸모없는 성생활이라는 비난을 매춘에 대해서도 하고 있어요. 그러나 이 경우의 유용성 부족이라는 비난은 과거 자위 행위의 경우처럼 임신과 무관한 성적 테크닉을 뜻하는 게 아닙니다. 오늘날 우리가 쓸모없다고 여기는 것은, 오히려 성이 타인과의 실제적 또는 잠재적 관계를 창조하지 않는다는 점입니다. 매춘이 어떻게 보면 성의 사회적 사용과는 반대된다는 건 사실이에요. 따라서 매춘 퇴치는 우리 사회에서 사람들이 성에 부여하기를 원하는 의미 자체와 관련이 있는, 훨씬 크고 복잡한 정치적 싸움에 포함된다고 믿어요. 이 싸움의 목적은 성에 특별하지만 각자에게 강요되는 어떤 의미, 내적이고 감정적이며, 아주 개인적이고, 욕망을 일으키는 활동의 의미, 모든 사람들의 경험을 조직화해야 할 것이라는 의미를 부여하는 것입니다. 이러한 모형과 일치하지 않는 모든 성은 법을 어기는 게 될 겁니다."

이 이야기를 모두 이해했다고는 할 수 없다. 그러나 그 전문가의 말이 정곡을 찌르고 있다는 생각이 들었다. 한 아르헨티나 여자친구가 얘기해 준 속담이 떠올랐다. 자위 행위와 성관계의 차이점에 관한 것이었는데, 두번째 것은 많은 사람들을 만난다는 점이 다르다는 것이다. 나는 매춘의 문제점이 무엇인지 알 것 같았는데, 바로 매춘에서의 성행위는 어떤 지속적인 사회 관계, 즉 부부나 가족 관계를 창조하는 데 도움이 될 수 없다는 것이다. 그 성은 성행위 자체를 위한 것이었다. 성행위가 이루어진 후에는 모든 것이 끝나며, 그것으로 그칠 수 있었다. 따라서 매춘에 반대하는 사람들은 사실상 어떤 상황에서, 어떤 목적으로 성관계를 가지는 것이 좋은지 그렇지 않은지 하는 그들의 판단 방식만을 주장할 뿐인 것 같았다.

내가 거기까지 결론을 냈을 때 매춘과 관련한 새로운 소식이 들렸다. 즉 이전처럼 단순히 포주들만 처벌하는 것이 아니라 매춘 여성의 고객까지도 처벌하는 법이 제정되었다. 이 법에 따라 미성년자를 상대로 한 고객들은 처벌받게 되었다. 여기서 미성년자란 법적 성인 나이가 되지 못한 이들을 가리키지만, 성적인 관점에서는 이미 사실상의 성인, 즉 열다섯 살에서 열여덟 살 사이를 말한다. 아주 강력한 정치적 의지가 드러나는 이번 조치는 성인 매춘 여성들의 고객들을 처벌하기 위한 첫걸음을 의미하는 것 같다. 이 법을 표결에 부치도록 한 것은 한 여성이었다. 이것은 정치 제도에 남녀의 공동 참여를 의무화하는 '평등' 안을 통과시켰던 그 약속들을 실질적으로 이행하기 시작했다는 의미로 보인다. 사실 여성들의 삶의 질을 개선하기 위해서 당시 내세운 논거들은 여성들만이 여성들을 위해, 여성들을 여성으로서 통치할 수 있다는 것이었다. 왜냐하면 남자들은 십중팔구 그렇게 할 수 없거나 원하지 않기 때문이었다. 잘 알려진 이야기이지만, 남자는 남자들을 위해서만 통치할 수 있다(선조로부터 물려받은 것이기 때문에 어쩔 수가 없다). 그리하여 세골렌 루아얄(당시 초 · 중등 교육 담당 장관)이 여성들을 위한(그 자신이 여성이므로 당연하다) 법률 제정에 착수했다.

사실대로 말하면 고모는 꽤 만족해했는데, 특히 용감한 세골렌 장관이 매춘 여성들의 고객을 처벌하는 자신의 멋진 법안이 표결에 부쳐지는 날 저녁, 첫 '일제 단속'을 실시하고자 했다는 사실을 알았을 때는 더했다.

"마침내 그 더러운 놈들이 대가를 치르게 됐구나!" 아주 기뻐하며 그녀가 말했다.

남자들을 향한 이렇듯 강렬한 증오가 나에게는 여전히 이해되지 않았다.

"도대체 남자들이 고모한테 뭘 잘못했죠? 어떻게 했길래 그런 말을 하는 거죠? 말해 보세요!"

"세상이 더럽게 변한 건 남자들 탓이야. 잔인하고 세계화된 자본주의 · 인종차별주의 · 성차별주의가 이 세계를 지배하고 있잖니. 르펜에게 투표한 유권자들 대다수가 남자라는 사실을 알고 있니? 남자들이 베일을 벗고 드디어 본색을 드러내는 거란 말이야! 그렇다고 극우 정당인 국민전선을 막아선 안 되고, 적을 잘 볼 줄 알아야 해. 바로 그들이 적이야. 여성들의 사랑과 부드러운 모성으로 이루어지는 왕국이 필요해. 남근을 이방인들, 불행한 이들, 다른 이들을 받아들일 줄 아는 자궁으로 대체해야 해. 왜냐하면 여성들에게는 자신에게 다른 사람들을 받아들일 줄 아는 거의 마법 같은 능력이 있기 때문이야."

고모에게는 뭔가 멋진, 정치적 웅변가로서의 자질 같은 게 있었다. 그녀는 선거에 출마하거나 아니면 단호하게 선거 참여를 거부하고, 남자들, 즉 여성들을 학대하고 능욕하는 수컷들에 맞서는 무장투쟁당을 창당하였어야 했다.

예전부터 고모와 사이가 좋지 않았던 아버지는 내게 말씀하셨다. 고모가 성적 대상으로서의 남자에 대해 가지는 개인적인 반감을 다른 여성들한테까지 강요하는 게 아버지를 불편하게 한다고 하셨다. 그리고 그것을 건포도를 싫어하는 자신의 혐오감에 비유하셨다. 아버지는 아무리 그러지 않으려고 해도 어떻게 그런 상품을 만들어 내는 기업이 존재할 수 있는지, 또한 그 상품을 판매하는 유통망이나 그것을 사려고 슈퍼마켓의 계산대에 줄서서 기다리는 사람들이 존재할 수 있는지 이해가 되지 않는다고 하셨다. 아버지는 고모가 자기 취향이 이성에 파놓은 함정에 걸린 희생자라고 믿으셨다.

고모의 정치적 이상들에 대한 아버지의 의혹은 훨씬 예전으로 거슬러 올라간다. 어느 날 아버지는 내게 학창 시절 여자친구들을 집으로 데려올 때마다 고모가 며칠 밤을 끔찍한 불면에 시달렸으며, 다음날이면 아버지에게 불쌍한 여자애들을 더럽혔다고 비난하며 욕설을 퍼부었다고 이야기하셨다. 또 한번은 내게 사실 고모의 이론이 그 당시에 아버지가 여자들을 유혹하는 데 꽤 유용하게 쓰였다고 고백하셨다. 그 시작이 불쌍한 우리

어머니가 아닐까 싶다.

"네 고모의 이야기에서 착상을 얻어 난 한 가지 이론을 만들어 냈는데, 그 이론은 그후에 꽤 유명해졌단다. 우선 여자들에게 남자들은 비열하며, 여자들을 농락하는 타고난 범죄자 족속들이라고 설득했지. 심지어 난 그 무시무시한 미국의 페미니스트 문학을 몽땅 읽는 수고까지 들였단다. 가장 극단적인 내용까지도 말이야. 메모를 해서 몇 구절을 달달 외웠지. 여성들은 나를 보통 남자들과는 **다르게**, 즉 **괜찮은** 남자로 보았고, 믿을 수 있는 사람이나 부르주아에서 프롤레타리아가 된 사람, 성의 엥겔스, 또는 그 비슷한 수식어들로 표현했단다. 하지만 그 당시 내게는 이 모든 것이 하나의 놀이에 지나지 않았지만, 오늘날에는 그것을 하나의 진짜 직업으로 삼는 사람들이 있어. 나쁜 건 이 사람들은 자신이 추구하는 게 무엇인지, 그 모든 횡설수설한 말들 덕택으로 얻는 것이 무엇인지를 더 이상 이해조차 하지 못한다는 거야. 자기들은 착한 사람들이고, 나머지는 나쁜 사람들이라는 거지. 그들은 그렇게 믿고 있단다. 그들이 악을 베어 버리고, 신문지상에 등장할 만한 커다란 추문들을 일으키며, 비열한 인간들을 열심히 고발하고, 여자들이 침대에서, 그리고 침대에 이르기 전에 어떤 식으로 난폭하게 다루어지는지(약탈자와 그 희생자 사이에 개입할 방패를 갖춘 씩씩한 기사들은 매번 거기에 있지 않는단다)를 거의 수학적으로 보여주는 이론들과 정리들을 뒷받침하는 데 얼마나 많은 시간들을 보내는지 몰라."

"루이즈, 그들의 태도에서 결국 가장 불쾌한 건 여자들의 정조를 지키기 위해 거대한 캠페인을 벌이려 애쓰는 그런 유의 안방 혁명가 자신들이 바로 여성들을 먹잇감으로, 어리석고 방어 능력이 없기 때문에 필연적으로 그들의 도움이 필요한 존재들로 간주한다는 점이야. 그들은 세상의 숲에서 길을 잃은 한 불쌍한 여성이 그들 없이 어떻게 곤경을 헤쳐 나올 수 있을까라고 생각하고 있는 건 아닐까? 여성들에 대한 그들의 멸시에서 이러한 악착같은 보호 의지가 나오게 된 거야. 내 생각에는 그렇기 때문에 그들이 다른 남성들의 행동을 자동적으로 그러한 방식으로 해석한다는 거야. 그들은 자신들이 무슨 이야기를 하고 있는지 잘 알고 있어. 바로 그것이 오늘날 새롭게 재탕한 사랑의 기술이고, 사실상 새로운 것은 하나도 없단다."

아버지의 화가 다른 남성들을 향한 오래된 경쟁 관계와 완전히 무관한 것이 아니라는 것을 알았지만(새어머니의 빈정거림에도 불구하고 아버지는 그것을 버리지 못했다) 나는 잠자코 아버지가 얘기하는 것을 들었다. 왜냐하면 세골렌과 다른 많은 페미니스트를 위시하여 이 싸움에서 이긴 사람들이 많다는 사실이 명백해 보였기 때문이다. 그녀들은 남성들과 여성들 사이의 성관계를 자신들의 이상에 맞게, 즉 강한 사교성으로 관계를 갖고는 아이를 임신시키고 어쩔 수 없이 아버지가 된 자들에게 여자들과 무책임하게 성관계를 가진 대가를 크게 치르도록 하는 데 성공했다. 한마디로 마침내 그녀들은 다른 사람들에게 성을 이행하는 자신들의 방식을 강요하게 됐고, 그 방식을 이상적인 모델이 아니라 합법적인 강압이 되게 했다. 이것이 바로 그 모든 것이 이루어 낸 결과였다. 나는 아마도 두 성들간의 상당했던 전쟁이 남성들과 여성들 사이의 불평등, 보다 정확히 말해서 전쟁 그 자체를 해결한 것이 아닐까 하고 생각했다. 그러나 내가 이 모든 것을 깨달은 건 나중의 일이었고, 그땐 이미 고모는 이 세상에 없었다. 불쌍한 고모는 6개월 전, 고모의 그 '성스러운' 필로멘이 자신보다 더 부자에 더 예쁘고 더 젊은 여자와 떠난 후 슬픔을 견디지 못하고 생을 마쳤다.

3

매춘인가, 일탈의 희열인가

며칠 동안 나는 매춘과 관련하여 내가 발견한 사실들의 결론에 도달했다고 믿고 있었다. 그러나 결국 문제가 해결되려면 멀었다는 사실을 알아차렸다. 고모의 죽음이 내 생각들을 더 고립되게(물론 더 슬프기도 하다) 만든 것은 확실하다. 왜냐하면 내게는 새로운 토론거리가 필요했기 때문이다.

정말로 이해할 수 없는 건 전통적인 도덕의 종말이 왔는데도 매춘이 존속한다는 것이었다. 좀더 쉽게 말하면, 현재 우리가 살고 있다고 추정되는 '자유로워진' 이 세계에서는 돈을 지불하지 않고도 성관계를 가질 수 있는데도 남자들이 여전히 매춘 여성을 산다는 것이 이해되지 않았다. 따라서 이 문제는 매춘의 사회적 유용성과 그 이점, 사회에 보탬이 되는 긍정적인 가치, 그리고 정당성, 좀더 정확히 말해 정당성의 부재뿐만 아니라 매춘 폐지 시도에 대해 다시 생각해 보게 한다. 고모가 살아계셔서 내 연구의 새로운 방향을 아셨더라면 고모는 두 번 슬픔으로 돌아가셨을 거라고 생각하며 돌아가신 아픔을 달랬다. 이즈음 우연하게 잉젤르의 운명에 대해 새아버지(어머니의 새남편)와 이야기를 나누게 됐다. 새아버지는 우리 집에 놀러 오는 앙젤르를 여러 번 볼 기회가 있었다.

새아버지는 수염을 길렀고 키가 컸으며 체격도 좋았다. 그 역시 프랑스에 사는 거의 모든 사람들처럼 68년의 5월 혁명에 연루되었었다. 그러나 그는 앙젤르의 이야기에 납득되지 않았으며, 매혹되지도 않았다. 그는 매춘이란 '성적 불행'의 증거이며, 그 불행은 사라지지 않을 것이라고 주장했다.

학창 시절 새아버지는 많은 책을 읽으셨는데, 그 책들의 영향으로 매춘에 대해 그런 생각을 갖게 되신 것 같다. 이제 절대 자유주의 이상에서 많이 너그러워졌음에도 불구하고 새아버지는 여전히 매춘도 다른 것들처럼 하나의 직업이라는 사실을 인정할 수가 없었다. 당시 그는 매춘과 다른 직업들 사이의 모든 차별을 없앤 네덜란드 정부에 크게 반대한 것 같았다. 사실 네덜란드 정부의 조치는 인류 역사의 한 획을 그은 것이었다. 새아버지는 그 조치를 열광적인 것으로 생각지 않으셨다.

"루이즈, 그 모든 것은 성해방이 실패했다는 것을 의미하는 거란다. 왜냐하면 자유로운 세계에서는 성적 접촉을 갖기 위해 다른 사람의 서비스를 사러 갈 필요가 없기 때문이지. 남자들과 여자들은(이해가 되지 않는 건 그가 항상 고모의 경우나, 같은 성을 가진 사람을 원하는 다른 사람들의 경우를 잊고 있다는 점이다) 자연스레 서로를 만날 수 있고, 어떤 것도 그들의 욕망을 없애는 일 없이 최초의 건강한 충동에 몸을 맡길 수 있어야 해. 왜냐하면 위대한 빌헬름 라이히가 말한 것처럼 이러한 억누름이 바로 근육의 긴장을 초래하고, 결국에는 르펜주의자들이 되어 버리는 거야. 요컨대 매춘은 피착취자들의 경제적 · 성적 불행을 먹고 사는 자본주의의 쓰레기통과 다름없는 것이란다."

이 모든 말이 내게는 아주 이상하게 들렸다. 나는 그에게 가끔은 나 역시 어떤 관계를 맺고 싶지 않으며, 성관계를 하기 위하여 어떤 만남을 갖는 것도 원하지 않을 때가 있었기 때문에 그의 생각에 동감할 수 없다고 말했다. 때로는 타인에게 아무것도 주고 싶지 않을 때가 있었기 때문에 돈만으로 협상해야 하며, 유혹하지 않아도 되고, 관계 후의 질책을 참지 않아도 되는, 특히 내가 사는 세계의 남성들이 나의 '신임'(이렇게 부르는 이유는 모르겠지만)을 얻기 위해 거쳐야 한다고 믿는 괴로운 대화들을 듣지 않아도 된다는 점이 오히려 편리하다고 생각했다. 나는 그에게 아주 진지하게, 앞서 말한 모든 이유들 때문에 때때로 남자 매춘부의 서비스를 사는 것을 고려해 봤다고 털어놓기까지 했다. 또한 내가 느끼는 그런 욕망이 아주 '자연스러운 것' 같다고, 그리고 남자들의 경우는 더욱 그러할 것이라고 말했다. 왜냐하면 남자들에게는 많은 노력, 많은 돈을 들이지 않고, 고민할 필요없이 그들과 동침하기를 원하는 여자를 찾기란 훨씬 어려울 것이기 때문이다. 그러나 그렇게 단순하지만은 않다. 왜냐하면 내일의 기약 없이 단순한 모험을 하는 것이라 하더라도 우리는 어쨌거나 상대방에 대해 채무자임을 조금은 느끼기 때문이다. 매춘을 사회적으로 유용한 것으로 만드는 중요한 점은 바로 돈 이외에는 그 대가로 아무것도 주지 않아도 된다는 것이다. 매춘이 모든 사람의 지탄을 받는 이유도 바로 돈 때문이 아닌가 싶다. 마치 이 활동이 사람들을 서로서로에게 연결시키려는 무수한 노력들을 성이라는 수단으로, 성을 통해 무산시키게 되는 것처럼 말이다. 왜냐하면 매춘은 일탈시키는 것이기 때문이다. 매춘의 사회적 유용성이란 문제에 대해 내가 찾은 해답은 바로 일탈이다. 얼마 동안 나는 매춘 덕분에 느낄 수 있는 일탈의 경험에는 거의 치료의 효능이 있으며, 따라서 어쩌면 매춘을 장려하는 게 유용할 것이라고 생각했다.

시끌시끌한 토론을 그다지 좋아하지 않는(왜냐하면 그는 잔인한 자본주의가 망가뜨리는 우주의 화합, 세계의 평화와 사랑에 대해 믿고 있기 때문이다) 새아버지는 내 생각에 조금도 동의하지 않으셨다.

"감수성을 갖춘 너같이 젊은 여성이 그런 말을 하다니 유감이구나. 네 어머니가 너한테 좀더 책임감 있고 건전한 교육을 시킨 줄 알았는데." 그는 이렇게 슬픈 말을 하고는 방을 나갔고, 나는 두 번 다시 새아버지와 그런 종류의 토론을 하고 싶지 않았다.

그러나 새아버지와 다시 그 문제를 놓고 토론하게 되는 일이 생겼다. 지난번 휴가 때 어머니와 새아버지를 보러 코트다쥐르에 갔었을 때 생긴 일이다. 어머니의 친구 한 분이 어떤 여자와 함께 그곳에 잠시 머무르고 있었다. 그 여자는 프랑스에서 매춘여성들의 대연맹을 창립할 계획이라고 말했다. 새아버지는 예전에 내게 하셨던 그 바보 같은 얘기들을 늘어놓으셨다. 그러나 문제의 그 여자는 전혀 예기치 못한 대답을 했다.

"제 얘기를 들어 보세요. 전 부유한 프랑스 가정에서 태어나 최고 교육까지 받았어요. 그리고 제가 매춘 찬성을 위한 투쟁을 시작한 건 아주 예전부터였지요. 처음에는 사회주의를 위한 참여라는 이름으로, 그리고 이 정치적 이념을 포기했을 때는 사회복지 국가의 개혁 투쟁이라는 이름으로였어요. 제가 읽은 몇몇 책들이 사회의 당면 과제로서 상업적인 성을 만들 필요가 있다는 것을 확신시켜 주었죠. 즉 각자가 자신의 성적인 능력과 관계없이 성적 만족을 확보할 권리를 말해요. 각자의 재력에 따라, 각자의 필요에 따라서 말이죠. 환자나 너무 젊은 사람들, 너무 나이를 먹은 사람들, 너무 못생긴 사람들, 아니면 단순히 서툰 사람들 등 많은 이들이 성문제로 괴로워하고 만족을 느끼지 못하고 있어요."

새아버지는 그녀의 생각이 틀렸음을 보여주겠다고 생각하며 그녀의 말을 중단시키고는 그러한 생각은 부유한 사람들과 가난한 사람들 사이에 아주 큰 격차를 만들게 될 것이며, 가난한 이들은 그들의 욕망을 만족시킬 수 없을 것이고, 그렇게 되면 일종의 성적 분열을 만들게 될 것이라고 반박했다.

그러자 아주 뜻밖에도 그 여자는 자신의 연맹 사명이 바로 그런 문제를 해결하는 것이라고 했다. 그녀의 목적은 재정적 또는 미적인 수단의 부족으로 유혹의 시장에서 성적 만족을 추구할 수 없는 이들에게 그 만족을 마련해 주기 위하여 국가가 조직하는 거대한 사회 서비스 제도를 설립하는 것이라고 했다. 그녀의 계획은 이러한 유형의 요구들에 대처하기 위한 정식 일자리를 창출하는 데 있었다. 그렇지만 그녀는 매춘 여성들의 계약이 자유롭다는 점을 중요하게 생각했다. 덧붙여 그녀는 자신이 사회주의적 이상향을 믿었던 시절에 병역 의무 제도를 본뜬 매춘 여단을 조직하는 것을 상상했었다고 말했다. 게다가 어떤 사람들은 병역 의무를 성적 의무로 대체할 것을 제안하기까지 했다. 그러나 이제 그녀는 그러한 체제는 엄청난 혼란을 가져올 가능성이 높다는 것을 깨달았다. 그녀의 추론은 결국 새아버지를 납득시켰다. 말하자면 조국을 위해 몸을 주어야 하는 사람들은 어떻게 보면 공동체의 성적 노예가 된 자신을 보며 신념 없이 일을 할 것이다. 그렇게 되면 그 구제책은 성적 욕구불만에 진정한 해결책을 가져다 줄 수 없게 될 수 있다는 것이었다.

처음에는 불신했던 새아버지가 이 색다른 여성과의 긴 대화가 끝난 후에는 의견을 완전히 바꾸셨다. 대화를 계속한 끝에 그는 그 단체에 가입했다. 그리고는 어머니를 비통한 절망 속에 남겨두고 그 여자와 함께 떠나 버렸다. 그는 어머니에게 자신이 그 여자에게 동참하는 이유는 성적인 것이 아니라 정치적인 이유 때문이라고 말했지만 달라지는 것은 없었다. 어머니는 그 이야기에 위로받지 못했다. 반대로 이 일로 어머니와 나 사이가 나빠지게 됐다. 어머니는 불행의 책임을 내게 돌리셨다.

"너 때문에, 네 바보짓 때문에 그 사람이 그 계집애의 이야기에 흥미를 가지게 됐잖아."

나는 주제가 있는 토론에 취미가 있다면 소크라테스처럼 연대적인 책임을 받아들일 준비를 해야 한다는 사실을 깨달았다.

4

포르노그래피의 신비

나는 앞에서 고모와의 토론에 대해 이야기하면서 두 성들간의 전쟁은 나쁘게 끝이 났으며, 그 상황이 다른 식으로 끝날 수 있었을 거라고 말했다. 지금까지는 주로 매춘에 관해서 이야기했는데, 왜냐하면 매춘이 불러일으키는 논쟁들을 통해서 '성적 자유'와 매춘 사이에 어떤 관계가 있다는 것을 알아낼 수 있을 것으로 믿었기 때문이다. 그때부터 나는 앞에서 많이 이야기한 프랑스인들의 성에 관한 그 조사의 결과에 더 이상 만족할 수 없었다. 일종의 성혁명이 진행중이며, 점점 더 확실하고 완전한 자유를 향한 피할 수 없는 역사적 과정이 이루어지고 있음을 증명하기 위한 근거로 지난 10년간 남성들과 여성들 사이에서 남색(男色) 행위의 비율이 8퍼센트, 펠라티오는 10퍼센트, 쿤닐링구스는 5퍼센트 증가했으며, 그리고 결정적인 증거로 이성연애자들의 경우와 거의 비슷하게 남성 동성연애자들의 고정적인 파트너의 수가 적다는 사실이 제시되었다. 이러한 관찰이 내게는 오히려 무의미하게 보였다. 왜냐하면 당시 매춘 외에 다른 무언가가 우리가 누리는 성적 자유의 규모를 측정하기 위해서 이들 복잡한 수치들에만 만족하지 말라고 나를 자극했기 때문이다. 그것은 바로 우리 사회가 포르노그래피를 보는 방식이다.

요즘은 포르노그래피에 대해 이야기하는 것이 유행이다. 그러나 예전에는 이것에 대해 별다른 중요성을 두지 않았다. 내가 어렸을 때, 그러니까 아주 어렸을 때 부모님과 오빠의 포르노 잡지들을 훔쳐보는 걸 좋아했었던 게 기억난다. 그 당시 내 친구들 모두가 그렇게 했으며, 우리는 일부 영화들에 적용되는 미성년자 관람 불가라는 게 잘 이해가 되지 않았다. 그렇다고 해도 우리가 섹스 없는 슬픈 청소년기를 보냈다는 사실에는 변함이 없다. 특히 내 애정 교육에 관련되는 것이라면 맨발의 카르멜회 수녀처럼 행동하는 어머니를 둔 나는 더욱 그러했다.

조금 더 나이가 들었을 때, 나는 혼자나 애인과 함께 포르노 영화 보는 것을 좋아하기 시작했다. 에로틱한 이야기를 조금만, 아주 조금만 들어도 내 성욕은 증가했으며 꽤 오래 지속되었다. 다른 사람들도 나와 같을 것이라고 오랫동안 믿고 있었다. 이러한 영화들에 드러나는 상상력이 때때로 더 풍부하다는 건 틀림없지만, 그대로도 나에겐 그다지 나빠 보이지 않았다. 그런데 얼마 전부터 포르노그래피에 대한 끔찍한 비난의 소리들과 여성들에게 가해지는 거대한 폭력이라는 주장이 끊임없이 들려왔다. 얼마 전까지 모든 형태의 성적인 억압과 지배를 금지시켜 온, 고모가 그렇게 좋아했던 그 여성 장관은 포르노그래피와, 특히 청소년들의 이런 유의 영화 관람 반대를 위한 캠페인을 시작했다. 게다가 영상의 거의 악마적인 위력, 특히 각 가정의 중앙에 무고하다는 듯 당당하게 자리잡고 있는 텔레비전에서 나오는 영상들의 위력을 잘 알고 있는 듯한 그 용감한 여성은 자신의 아이들에게 X등급 영화를 보도록 허락한 부모들에게 적용할 새로운 죄목, 시청각적인 학대나 태만에 의한 아동 성학대 같은 죄목을 만들 생각까지도 했다.

대형 일간지에서 기자로 일하는 친구인 마리 폴 역시 여성의 존엄에 대해 항상 관심을 가져왔는데, 그녀는 포르노의 정치적 · 도덕적 피해를 고발하기 위하여 '현장'(그녀의 관점에 따르면 이것이 진실을 파악할 수 있는 유일한 방법이었다)에 직접 뛰어들었다. 그녀의 목적은 포르노가 가난이라는 불행을 가진 청소년들(지금은 탈선 전문가들의 모든 관심의 대상이 되었다)에게 미치는 영향을 조사하는 데 있었다. 마리 폴은 동료 한 명과 함께 이들 청소년들이 어떤 포르노를 소비하는지, 그 소비로 인해 생기는 결과는 무엇인지, 그것이 어떻게 그들의 성도덕을 바꿨는지 등에 관해 알고자 했다. 그것을 토대로 그녀들은 방대한 자료를 만들었으며, 그 표제는 신문의 제1면을 장식했다. 그리고 완벽함을 기하기 위해 성윤리 분야의 한 전문가와의 대담까지 펴냈다. 어쨌든 그 전문가는 사진이 전혀 안 받는 얼굴이었다.

마리 폴이 그 조사에 대해 알려왔을 때, 나는 곧장 왜 그녀와 그녀의 동료가 뇌이나 파리 7구에서 조사하지 않았는가를 물어봤다. 왜 그녀는 가난한 청소년들의 섹스에 특히 관심을 가지는 걸까? 그녀는 잘사는 구역의 청소년들이 아닌 그들이 바로 범죄인이 되기 때문이라고 대답했다. 나는 처음엔 그녀의 답변에 어안이 벙벙해서 가만히 있다가, 갑자기 깨달은 듯 말했다.

"아! 알겠어! 너의 조사는 포르노에 관한 게 아니라 포르노가 범죄에 미치는 영향이라는 거지. 그러니까 살인이나 휴대 전화 절도 같은 거 말이야."

마리 폴은 불쾌한 것 같았다.

"루이즈, 넌 전문가에게 그런 바보 같은 질문이나 하지 말고 네 앵무새들이나 돌보는 게 나을 것 같은데. 우리의 조사 목적이 그게 아니란 걸 너도 잘 알고 있잖아. 다른 신문사에서 이미 텔레비전이나 상징적 대상의 결핍, 아버지라는 존재의 부재 등이 미치는 영향들에 관해 조사하고 있다는 걸 말이야."

나는 조금 부끄러웠다. 당시 모든 사람들의 안전을 염려한 리오넬 조스팽 총리가 말한 것처럼, 사실 그 모든 것이 실업이 아닌 범죄의 원인이 된다는 것을 신문에서 분명히 보았고, 텔레비전에서도 여러 번 들었던 게 기억났다. 따라서 마리 폴이 그 주제에 대해 조사를 한다고 생각하는 건 터무니없는 일이었다.

"우리가 하는 조사의 목적은 포르노가 성별간의 욕망에 미치는 영향과, 특히 여자애들과 남자애들의 관계에 미치는 영향을 알고자 하는 데 있어."

"그렇다면 어째서 부유한 이들이 아닌 가난한 사람들이 이 조사의 대상이 되는 거지?"라고 나는 마리 폴이 화를 낼까 두려워 작은 목소리로 물었다.

"넌 항상 여유롭게 살아와서 가난한 사람들에 대해선 전혀 모르고 있어. 너도 알지만 난 계속 몽마르트르에서 살았어. 우리 구역이 꽤 부자 동네인 건 사실이야. 내가 우리 동네를 선택한 건 서민 구역에서 아주 가깝기 때문이지. 난 서민들에게 관심이 아주 많아. 아주 가까이에서 그들을 알 수 있다는 생각이 나를 안심시켜 주고, 그들의 이야기가 진실이라는 느낌을 아주 강하게 받아. 가난한 사람들과의 대화는 마치 실험실에서 이루어지는 연구처럼 항상 더 분명하고 더 솔직하거든." 그녀가 어떤 열정이 담긴 목소리로 말했다. "게다가 그 사람들은 다른 모든 종류의 일들에 대해서 질문받는 것에도 익숙해져 가고 있어. 그 결과 꽤 능숙하게 사람들 앞에서 말하고, 자신들의 불행에 대해서도 상세히 얘기할 수 있게 됐어. 고통받고 괴로워하며 역겨운 냄새가 나는 곳에서 초라한 삶을 사는, 그리고 실수로 아무것에나 투표하는 서민들에게 쉽게 가까이 다가가는 나의 능력을 신문사에서도 높이 평가하고 있어. 그럼 그들은 왜 아무것에나 투표할까? 그 이유를 말해 줄게. 왜냐하면 인류학적으로 말하면, 우리가 그들의 이야기를 충분히 경청하지 않기 때문이야."

그리고 나서 그녀는 주방에서 커피 한 잔을 내오며, 내게 해줄 자신의 방식에 대한 또 다른 설명을 찾아냈다.

"그거 아니? 가난한 이들에게는 다른 어느곳에서도 찾을 수 없는 뭔가가 있어. 바로 진실성이란 거야. 말로는 잘 표현할 수 없는 그 관계가 그들의 행동을 나머지 사람들의 행동보다 더 이해하기 쉬운 것으로 만드는 거야."

마리 폴이 하는 말을 들으며, 어렸을 때 어머니가 가정부 일을 하는 여자들의 성생활을 취급하던 방식이 갑자기 생각났는데, 어머니는 그것을 비밀 이야기하듯 아주 조심스레 얘기했다. 제어되지 않는 어두운 욕망의 세계에 관한 이야기였는데, 그곳에서는 근친상간에 대한 레비 스트로스의 이론들도 틀린 것으로 간주되었다. 한 가정부 여성이 자신의 아버지, 남자 형제와 동침할 뿐만 아니라 그 관계에서 쾌락을 느끼는가 하면, 또 다른 여성은 이웃 사람들과 자신의 부모에게 수도 없이 강간당한 나머지 결국에는 선과 악에 대한 모든 판단 기준을 잃어버렸다는 것이었다. 모두가 임신을 하고 가정에서의 유산 시도가 실패한 후에 태어난, 선병증에 걸린 아이들을 양육원과 쓰레기통에 버렸다. 입양의 운명에 놓인 결함 아이들의 숫자는 더욱 늘어났고, 그 이유 때문에 그녀는 만약 내가 불행하게도 불임일 경우 DDASS(지역사회보건국)에 도움을 구하지 말라고 항상 내게 당부해 왔다. 물론 이 모든 것은 낙태법 시행 이전의 이야기이다. 낙태법은 어느 정도는 까다로운 그 문제를 해결하기 위해 제정되었다. 이것이 마리 폴의 조사에서 내가 이끌어 낸 결론이었다.

가난한 사람들이 털어놓는 시대에 뒤떨어지는 발언의 부족한 면을 메우기 위해 마리 폴은 동료와 함께 한 전문가에게 기자들인 그녀들이 수집한 자료를 과학적으로 명확하게 밝혀 줄 것을 요청했다고 내게 설명했다. 따라서 그녀들에게는 책을 출판하거나 토론을 이끌고 좋은 성과 나쁜 성에 대해 '진실한' 이야기를 할 수 있는 누군가가 필요했던 것이다. 마리 폴은 다음의 두 가지 진실 사이에서 일종의 중재자 역할을 했다. 즉 서민의 가식 없는 진실과 전문가의 거의 수학적인 진실이었다.

사실 이 모든 학술적인 준비 덕택에 그녀가 한 조사는 대단히 성공적이었다. 내 친구와 그녀의 동료, 신문의 편집자는 가난한 교외 지역에서의 포르노그래피에 대해 아주 염려스러운 결론을 내렸다. 그녀들은 젊은이들에게 X등급 영화의 소비와 그에 따른 그들의 성관행과 관련하여 모든 종류의 질문들, 아주 세세한 것까지도 질문했다. 그리고 부인할 수 없는 한 가지 결론에 도달했다. 즉 포르노는 남자애들뿐만 아니라 여자애들에게도 여성의 이미지를 떨어뜨리게 된다는 것이다. 앞에서 말한 영화들로 인해 남자애들은 여자애들을 물건으로 취급하며, 최악의 상황에는, 결국에 여자애들 스스로가 그렇게 취급받는 것을 좋아하게 된다.

조사 결과가 발행된 후 다시 만난 어느 날, 마리 폴은 그 일을 하며 개인적으로 발견하게 된 것을 내게 털어놓았다.

"이 모든 문제들 가운데서도 가장 심각한 건 그룹 섹스나, 펠라티오 · 남색 · 쿤닐링구스 같은 행위들(그녀는 이 모든 단어들을 마치 귀머거리에게 한 자씩 읽어 주듯이 발음했다), 금지되지 않으면 그 가치를 잃어버릴 행위들이 포르노 때문에 흔한 것이 되어 버리기 시작한다는 점이야. 여자애들을 포함한 모두가 시도해 보고 싶어하게 되지. 이러한 대재앙을 경험해 보기 위하여 여자애들은 자신들이 동의한다고 믿는 거야."

이것이 다음에 그녀가 하려고 하는 조사의 주제였다. 여학생들에게 그녀들이 포르노와 그녀들의 남자친구에 의해 중독됐기 때문에 그런 행위들에 빠질 수밖에 없었다는 것을 보여주기 위해 그녀는 생활 환경 조사원 · 검사 · 변호사 · 정신의학 전문의, 그리고 가족협회들까지, 요컨대 사회 기구와 사법 기구의 모든 관련자들이 어떤 일들을 하는지에 대해 알려 주고자 했다.

"그런데 루이즈, 끔찍하고 믿기지 않는 일이 가난한 사람들에게 일어나고 있어. 바로 **여러 명을 상대하는 여자들**이라고 불리는, 한번에 여러 남자애들과 자는 여자애들을 가리키는 말이야. 일부 사람들은 여자애들이 거의 대부분 동의한다고 말을 해. 그러나 그녀들이 그렇다고 믿을 뿐이야. 사실 인터뷰를 했던 가난한 교외 지역의 어느 학교에서 일하는 한 생활 환경 조사원(대단히 용기 있는 훌륭한 여성이야)이 내게 열심히 설명해 준 것처럼, 바로 그렇기 때문에 여자애들에게 고소하라고 자극해야 해. 왜냐하면 소송 덕택에 그녀들은 자신들의 이른바 **동의**라는 것이 착각이었을 뿐이라는 사실을 깨닫기 때문이지. 불쌍한 그 애들은 자신들이 정상이라고 믿고 있는 것에 순응해 온 거야. 왜냐하면 가난한 그곳에서는 포르노의 영향으로 모든 사람들이 그런 식으로 해야 한다고 믿기 때문이지. 그러나 다행히도 그 생활 환경 조사원 같은 사람들이 있어서 그녀들에게, 그 불쌍한 여자애들에게, 그녀들은 절대로 그런 일에 동의할 수 없다는 것을 보여주려고 노력하고 있어. 왜냐하면 그 조사원이 내게 말했듯이, '여자들이 몸을 준다는 것은 그들의 마음도 준다는 것'이기 때문이야. 따라서 한 여자애가 소송을 제기하게 되면, 그녀는 머리를 들고, 자신의 위엄을 되찾고, 자신을 강간했다는 사실을 인정하려 하지 않는 그 남자애들을 똑바로 쳐다보는 거야. 남자애들은 심지어 그녀가 방탕한 생활을 해왔다고 주장하지. 바로 그들 때문에, 그리고 포르노 때문에 그렇게 됐다는 것을 이해하지 못한 채 말이야. 그 순간 멋진 일이 일어나는 거야. 처음으로 그녀는 아니라고 말해. '저 애들이 날 강간했어요.' 그렇게 똑바로 남자애들을 쳐다보며 말하는 거야. 이번만은 포르노와 남성 우위의 영상들에 휘둘리지 않고 용기를 내서 그 애들 전부를 10년간 감옥에 보내 버리는 거지."

나의 이전의 연구 결과는 이런 견해와는 반대되는 것이었다. 나는 현실적으로, 우리는 여성들의 보호를 주장하며 오래전에 구식이 된 성도덕을 강요하려 한다고 그녀에게 말했다. 또한 고전적인 성교 행위와는 다른 모든 행위들에는 나쁜 명성이 따라붙고, 포르노가 그 명성을 퍼뜨리고, 확대하고, 부풀리는 것 같다고 말했다. 포르노의 나쁜 명성은 내게 어느 구시대적인 생각을 가진 한 작가를 생각나게 했다. 어느 세기의 사람인지는 모르겠지만, 법학 공부를 하던 당시 발췌해 놓은 그의 글을 읽은 적이 있다. 단지 그가 클레망 달렉상드리라는 예쁜 이름을 가지고 있었고, 치욕스럽지 않은 단 하나의 성기술은 바로 아이들을 생산할 수 있는 기술이라고 말했던 것만 기억난다.

"그게 아냐, 루이즈. 난 사람들이 그렇게 말할 것이라고, 나더러 엄격주의자라고 비난할 것임을 잘 알고 있었어. 그렇지만 현실은 그 반대야. 포르노의 영향으로 우리는 성의 의미를 잃어버리고 있는 거야. 성, 그것은 대단히 아름답고 대단히 중요하기 때문에 신성한 것으로 남아 있어야 해. 알겠어? 그러니까 포르노그래피의 가장 나쁜 점은 바로 성행위, 즉 둘의 **관계**를 전반적으로 깎아내린다는 거야. 왜냐하면 젊은이들이 성을 다른 것들과 같은 하나의 활동으로, 그다지 중요하지 않은 시시한 것으로, 필연적으로 타인과 연관짓지 않는 마시기 · 먹기 · 독서하기와 같은 하나의 행동으로 간주하기 시작하기 때문이지. 게다가 앞에서 말한 그 전문가가 '충족되어 더 이상 부족하지 않기 때문에 욕망은 식욕이 되어 버린다' 라고 아주 잘 표현했어. 식욕은 더 이상 욕망이 아닌 자극에서 생겨나. 왜냐하면 욕망을 느끼려면 부족해야 되기 때문이야. 따라서 우린 문제의 핵심에 도달하게 되는데, 즉 욕망을 느끼려면 부족해야 하고, 욕구불만 · 금기가 필요해. 성의 금기가 욕망을 생기게 하고, 성적으로 자유로운 사회에서는 더 이상 욕망을 느낄 수 없으며, 단지 거의 동물적인 식욕만이 존재하게 되는 거지. 가난한 사람들이 가장 많이 노출되어 있다는 건 당연한 이야기야. 항상 그래 왔듯이 그 대가를 치르는 건 그들이야. 카트린 밀레 같은 멋진 이들이 그들에게 자신들의 사는 방식을 강요하지. 그러나 그후에 그녀 자신은 그 방식을 그만둬 버리지. 그리고 사람들은 교외 지역에 사는 가난한 젊은 여자애들에게 앞으로 그들에게 무슨 일이 일어나게 되는지 말해 주지 않아. 어쨌거나 나와 같은 사람들이 있어서 다행이야. 자극의 논리에 따르면 우리는 항상 더 강한 자극을 필요로 하는 법이야. 자극이 계속해서 흥미를 유발하도록 하려면 그 강도를 올리고 올려야 해. 가장 폭력적인 것까지, 심지어 살인까지 말이야. 이것이 바로 해방된 성의 운명이란 말이지. 사실상은 자유로워진 범죄라고 볼 수 있어. 그리고 이 모든 것은 자유에 대한 일종의 경의의 표시야."

이 폭탄 같은 이야기는 나를 쇼크 상태에 빠뜨렸다. 숨쉬는 것조차 잊을 정도였다. 두렵기까지 했다. 나는 갑작스런 영감 같은 것을 받았고, 그것은 순식간에 나를 포르노그래피에 반대하는 캠페인에 동참할 마음이 생기도록 했다. 그러나 시간이 지날수록 의혹들이 생기기 시작했다. 나는 아주 난감한 상황에 빠지게 됐고, 결국 이 의혹들을 명확하게 하기 위해 그 전문가에게 편지를 쓰기로 마음먹었다.

내가 제기한 질문은 약간 일반적인 것이었다. 금기가 욕망을 생기게 하고 계속해서 그 욕망을 존재하도록 하므로 결혼 전의 성관계가 금지되고, 간통이 형법에 의거하여 처벌받고, 낙태가 범죄로 취급되던 시대로 돌아가야 되지 않느냐고 그에게 물었다. 왜냐하면 사실상 이러한 규범들에서 해방되기를 원해 왔기 때문에 우리는 결국에 중요한 것, 즉 '욕망'을 잃어버리게 되었기 때문이다. 그리고 거침없이 말하는 그 전문가가 잘 말했듯이, 우리가 욕망을 떠나보낼 때 '삶의 의미'도 함께 떠나게 된다.

나는 그 논설 기자로부터 이 의문에 대한 답변으로 단지 한 장의 편지만을 받았을 뿐이었다. 그는 내게 약간 경멸하는 투로 위대한 한 심리학자의 저서를 읽어보라고 충고했는데, 그 심리학자의 이름과 저서 제목은 잊어버렸다. 그 학자는 포르노그래피와 가장 끔찍한 사건들 사이에 어떤 직접적인 관계가 있다고 생각했다. 내가 관심 있어 했던 것은 전혀 그런 것이 아니었다. 나는 나의 자유가 진정으로 어떤 것이었나에 대해 자문하고 있던 터라 무엇보다도 염려스러웠을 뿐이었다. 왜냐하면 나 자신 역시 쉽게 가졌던 성관계에서, 예를 들어 파티에서 술을 마신 후나, 아니면 누수를 수리하러 여러분의 집에 오는 잘생긴 배관공과 즐겁게 가지는 그러한 관계들에서 한번도 편안한 기쁨을 느껴 본 적이 없었기 때문이다. 그 전문가에게서 더 자세한 설명을 찾아낼 수 없다는 것을 알았기 때문에 친구 루크레시아를 만나러 가기로 결심했다.

루크레시아는 키가 크고 탐스러운 갈색 곱슬머리에 커다란 검은 눈을 가진 여성이었다. 그렇게 미인은 아니지만 아주 인상적이며, 그녀는 수년 동안 이러한 종류의 관계를 가져 왔었다. 내가 그녀를 알게 된 건 법학 공부를 하던 때였다. 멕시코에서 태어난 그녀는 아주 어릴 때 자기 나라를 떠나 프랑스에서 살기로 결심했다. 나는 루크레시아가 포르노를 열렬히 숭배하던 것을 아주 또렷이 기억한다. 그녀의 아파트 입구에는 대리석으로 된, 발기한 성기를 가진 인상적인 코끼리 조각품이 자리잡고 있었다. 그녀는 그것이 동양의 잘 알려지지 않은 신의 모습이라고 주장했다. 우리가 젊었을 때 나는 그런 질문들에 대한 그녀의 생각을 정말이지 더 자세히 알고 싶어하지 않았다.

고백하건대 그녀의 상궤를 벗어난 행동들이 나를 겁먹게 했었다. 그렇지만 두려움들을 이겨내고 이 일에 대한 그녀의 의견을 물으러 가려고 결심했다. 그녀의 답변은 아주 명확했다.

"그 바보 같은 신문 기자들은 전혀 이해를 못하고 있거나, 아니면 형편없는 개인적 이유들 때문에 그렇게 말하는 거야. 그 전문가란 사람의 얼굴을 봐. 네가 그런 외모를 갖고 있다고 가정할 때, 네게 남아 있는 유일한 희망은 사랑을 받고, 누군가 널 원하기를 바라는 것뿐이야. 이게 그 사람의 우스꽝스러운 이론의 비밀이야. 유감스러운 일이지."

나는 그녀에게 그런 식으로 말하는 것이 적절한 것 같지는 않다고 말했다. 그러나 여느 때처럼 그녀는 자신의 급한 성격을 누그러뜨리며 훨씬 까다로운 이야기를 했다.

"루이즈, 한 가지 말해 줄게. 내가 너에게 말해 주지 않아도, 불행히도 언젠가 네 스스로 알게 될 거야. 사실 널 부수고, 죽이는 것은 성이 아니라 사랑에 빠진다는 사실이야. 평생 동안 널 치욕으로 가득 차게 하는 것은 그런 식으로, 쾌락을 위해 성교한다는 사실이 아니라 사랑에 빠진다는 사실이야."

"벌써 오래전 일인데, 아주 친한 친구 하나가 겨우 열여섯 살 때 사랑 때문에 자살한 일이 있었어. 난 그 사건의 충격에서 아직까지도 못 벗어났어. 그럼에도 불구하고 지금까지 아무도 명약관화(明若觀火)한 이 현실에서 결론을 끌어내지 않고 있지. 연애 소설을 금지하고, 사랑을 이야기하는 모든 영화를 없애고, 특히 아이들과 청소년들에게 사랑은 일종의 행운이며, 사랑을 위해서라면 살 필요가 있다고 말하는 짓을 그만두어야 해. 그게 진실이야. 루이즈, 너 마침 잘 왔어. 우리가 사랑반대연맹(LCA; Ligue Contre l'Amour)이라는 이름의 새로운 협회를 창설한 지 2주일도 안 됐어. 내가 창설 헌장을 작성했거든. 나는 더 이상 수동적으로 대처하지 않고 문제를 해결해 보기로 결심했어. 학살을 멈추어야 해. 아직도 날마다 수많은 사람들이 사랑의 이름으로 자살하고, 스스로를 파괴하는 일을 막아야 된다구. 루이즈, 너도 꼭 가입해야 돼."

이러한 관점은 전혀 내 마음에 들지 않았으며, 나는 겁도 없이 그녀를 만나러 온 것을 후회하기 시작했다. 그러나 나는 이 난처한 권유에서 빠져나갈 하나의 흠, 과장하지 않고 '치명적인' 흠을 찾아냈다.

"네가 뭐라고 말하든 그건 네 자유야. 그렇지만 어쨌거나 사랑 때문에 의기소침하거나 자살하는 것과, 우리가 포르노 영화의 탓으로 돌리는 그 결과들이 같은 것은 아니야. 포르노의 영향은 십중팔구 살인 · 강간 · 윤간, 그리고 다른 끔찍한 범죄들의 원인이 되기 때문에 훨씬 더 심각하다고 볼 수 있어. 반면 자살은 결국 그것을 저지르는 사람에게만 관련돼."

"루이즈, 넌 착하긴 하지만 그 집단적 우둔함에서 벗어나기가 힘들 것 같구나. 넌 항상 그랬어. 내가 말하려는 걸 잘 들어봐, 어쩌면 너의 그 신념이 흔들릴 수도 있을 테니. 잠시 포르노와 범죄 사이의 원인 결과 관계가 사실로 드러났다(이 문제를 다루는 연구들도 아직 그 관계를 확증하지는 못했다)고 상상해

봐. 포르노 영화와 일부 범죄들의 증가 사이에 어떤 관계가 있음을 밝히는 데 성공한다 하더라도 로맨스 영화나 인기 가요, 그리고 더 넓게는 사랑을 다루는 모든 문화적인 수단들에 대해서도 같은 관계를 적용해 봐야 해. 내가 멕시코에 살았기 때문에 잘 아는데, 그곳에서는 열정이나 질투, 버림을 받았다는 이유로 일어나는 살인들이 많아. 하지만 너와 나, 우리가 살고 있는 이곳, 예의와 치즈로 알려진 평화로운 이 사회에서도 상황은 마찬가지야. 프랑스에서 일어나는 유혈 범죄의 대부분이 열정 때문에 일어나. 물론 멕시코에서는 이 모든 것이 훨씬 뚜렷하게 드러나고, 거의 의식화되어 있다고 볼 수 있어. 각본은 항상 똑같아. 아내에게 속고 버림받은 남자들에 의해서 저질러지거나 그 비슷한 일들이 일어나지. 그렇지만 우리는 이러한 범죄들을 사랑에 관한 문화적 산물들을 금지함으로써 없애려 하지 않고, 다른 수단을 사용해. 포르노가 부추긴다는 남성 우위의 성적 지배라는 어리석은 이론에 대해서도 같은 말을 할 수 있어. 대부분의 여성들이 직업을 가지고, 자립적인 사람이 될 기회를 놓치는 것은 성 때문이 아니라 그녀들이 어리석게도 자신들을 기쁘게 해주는 한 남자(그녀들은 그 사람의 아이를 낳고 싶어하지)와 사랑에 빠지기 때문이라는 것을 우리는 잊고 있는 거야. 사랑이야말로 바로 여성들의 정치적 · 도덕적 · 사회적 무덤인 거야. 사랑이 바로 그들의 자기 상실의 진짜 원인이란 말이야. 사랑을 버려야 해. 범죄와 불행을 양산하는 이 악마 같은 모든 선전을 마음속 저 깊은 곳까지 추격해서 없애야 해."

이런 생각은 조금도 내 마음에 들지 않았다. 나는 나의 세 마리 앵무새들을 사랑하며 느꼈던 커다란 행복에 대해 생각했다. 대학교 때 공법 수업을 담당하셨던 아주 호감가는, 나이 지긋한 한 교수가 우리에게 했던 이야기가 생각났다. 그는 지난날의 가혹한 체제와 현대의 파시즘 체제의 본래 의미는 우리의 행동을 통치하기보다는 의식을 통치하고자 하는 데 있었다고 말했다. 그는 영혼 속으로 들어가려고 해서는 안 된다고 말했으며, 시민들의 환상을 지배하려 했던 의지의 끔찍한 결과들을 설명하기 위해 항상 오웰의 말을 인용했었다. 그는 말이나 생각 또는 영상과 행동 사이에 존재하는 관계에 대해 우리가 가질 수 있는 의혹들이 무엇이든간에 행동만을 벌주어야 하며, 필요하다면 사람들이 의견을 바꿀 수 있도록 비판해야 한다고 결론 내렸다. 루크레시아에게 내가 기억하고 있는 것을 가능한 한 자세하게 이야기했지만, 그녀는 프티 푸르(한입에 넣는 작은 과자)를 먹으며 내 반론을 무시했다.

"하여간 내 생각에 우리 사회는 이런 유형의 국가 권력을 향해 나아가고 있고, 어떻게 손 쓸 도리가 없어. 따라서 그러한 국가 권력에 대해 영향력을 갖도록 노력하는 편이 나아. 필요한 것은 바로 생성되는 생각들의 통치, 즉 성에 반대하는 통치에 맞서고, 사랑을 단칼에 베어 버리는 우리의 통치 방식을 강요하는 거야."

이 불쾌한 대화를 조금 재미있게 바꾸기 위해, 나는 그녀에게 어째서 그녀가 평생 포르노그래피를 그렇게 노골적으로 숭

배해 왔는지 그 이유를 말하지 않았다고 지적했다. 그러자 그녀는 현실에서 유명한 변호사가 된(남자들, 그리고 동물들과 함께 있을 때 느끼는 기쁨을 제외하고는 아마도 모든 것을 놓친 나와는 다르게) 자신을 포르노 영화 속에서 배우들과 동일시하고, 구입한 후에 내버려두는 물건 같은 취급을 받으며, 성행위에서도 그런 식으로 격하되는 것을 좋아하기 때문이라고 털어놓았다. 그녀는 내게 욕망(그 전문가가 '식욕' 이라 부르는)이란 항상 어떤 이야기 같은 것, 그 속에서 우리가 즐겨 한 인물이나 다른 인물이 되어 보는 이야기 같은 것이라고, 그리고 욕망은 진실의 왕국이 아닌 바로 게임의 왕국에 속하는 것이라고 말했다. 나는 다시 그녀의 이야기에 흥미를 느끼기 시작했다.

"루이즈, 나에게 있어서 침대는 어린 시절처럼 경기 정신을 되찾을 수 있는 무대야. 아무에게도 설명하지 않아도 되는, 현실 세상과 구분되는 하나의 공간이지. 포르노그래피를 금지하는 것은 성과 생활 사이에 어떤 경계를 유지하는 것이 낫다는 정치적 원리를 무시하는 방식이야. 엄밀하게 말해서 우선은 생활과, 그후엔 이 세상의 나머지 것과의 이러한 구분만이 자유를 닮은 무엇인가를 가능하게 할 수 있어. 그리고 역설적으로 포르노그래피가 일상과 거리가 먼, 있음직하지 않은 것일수록 포르노그래피는 빼앗긴 이 환상의 세계를 더욱더 별개의 세계로, 다른 수단들에 의한 일종의 관용의 연장으로 만들어 주는 거야. 우리 연맹의 목적 중의 하나가 기금을 모아서 포르노 영화들에 자금을 대주고, 문화부와 특히 프랑스 국영 텔레비전에 이런 종류의 영화들을 제작하도록 압력을 가하는 거야."

어쨌거나 내가 보기에는 지나친 생각 같아 보였다. 개인적으로 포르노그래피에 대한 이런 추상론이 내게는 약간 모호해 보였다. 자유를 지지하는 사람들이 그 자유를 지키려고 애써야 할 게 아니라 무엇인가를 금지하기 원하는 사람들이 그 금지를 정당화해야 할 것 같다고 그녀에게 말했다. 따라서 이 문제에 대해 그녀가 그렇게 염려할 필요가 없다고 말이다. 그녀는 소비하고, 원한다면 배우로서 참여하는 것에 만족할 수 있었다. 게다가 문화부 내에 특별히 이런 종류의 영화 제작에 자금을 조달할 부서를 창설해야 하는 이유도 모르겠다. 왜냐하면 이러한 영화들에는 공적자금의 조달이 필요없어 보였기 때문이다. 반면 점점 더 뚜렷해져 가는 내 관점으로 볼 때, 필요한 것은 영화의 존립을 보존하는 것, 즉 검열을 없애는 것이다. 정말이지 나는, 그녀가 바라는 것처럼 사랑의 검열을 통해 우리가 바라는 행복에 도달할 것이라고는 믿지 않았다. 그리고 나는 누구이든간에 행복으로 가는 진정한 길을 결정하게 되는 것을 원치 않았다. 내가 그녀에게 이 모든 것을 설명할 준비를 끝냈을 때, 그녀는 내게 가입서에 서명하게 하려고 했다. 나는 그녀가 작성한 헌장을 읽을 수 있게 다음에 안경을 가지고 다시 오겠다고 약속하며 재빨리 그 자리에서 도망쳤다.

그렇지만 루크레시아와의 만남은 내게, 말하자면 간접적으로 내 친구인 기자와 그 전문가의 의견의 어떤 점이 나를 불편하게 하는가를 깨닫게 해주었다. 친구의 조사를 읽고 끌어내야 할 결론이 내게는 강요되는 것처럼 보였다. 개인적인 관계를 맺을 필요가 없는, 덧없는 성과 죄가 되는 성을 구분하기란 아주 어렵다. 사실 주체로서 부정되고 '객체' 가 되는 것이 불행이라는 이야기를 진지하게 받아들일 때, 그런 불행을 성폭행의 희생자라는 사실에서 비롯되는 불행과 구별하는 것은 아주 어렵게 되어 버린다. 심지어 객체와 희생자의 처지를 구분하는 것조차 거의 불가능하게 되어 버린다. 포르노그래피를 비방하는 사람들은 성관계에서 '객체' 가 되는 사람은, 비록 그 관계가 상호적인 것이라 해도 자신도 자각하지 못하는 사이에 강간의 희생자가 되는 것이라고 했다. 그 전문가는 다음과 같은 말로 표현했다.

"포르노에서는 상대방을 다른 욕망을 가질 수 있는 존재로 인정하지 않는다. 성폭력은 다른 사람을 자신과는 다른 완전한 주체임을 부인하는 것이다."

다르게 말하면, 어떤 종류의 성은 모조리 본질적으로 범죄적인 것으로 보여진다는 것이다.

나는 그때 만일 이러한 생각을 인정한다면 우리는 아주 난처한 상황에 처하게 될 것임을 깨달았다. 왜냐하면 성적 자유의 근거를 동의에 두는(모든 사람들에게 성범죄의 현저한 증거를 정당화한다) 사회에서는, 사회가 동의의 힘을 약화시킬 때 그 고유의 원칙들이 실패로 돌아가게 되기 때문이다. 내가 '예스' 라고 말하고, 그것이 매춘을 하기 위해서일 때, 또는 내가 '예스' 라고 말하고, 그것이 덧없는 섹스를 하기 위해서일 때, 나는 선택하지 않을 것이다. 그러나 참아낼 것이다. 다른 사람들이 내게 나는 물건처럼 취급받으며, 나의 개체성은 부정된다고, 따라서 나의 동의는 더 이상 유효하지 않다고 말해 줄 것이다. 나의 동의는 소급해서 없어질 수 있다. 그리고 이러한 일을 가난한 사람들과 하는 것이 더 쉽다는 것도 사실이다. 이 새로운 세계에서는 나 아닌 다른 사람들이 내게 언제, 그리고 어떤 조건에서 내가 나의 자유를 행사할 수 있는지, 언제 그리고 어떤 조건하에서 내 동의가 자유로운지 말해 줄 것이다. 따라서 조금 도전적인 말처럼 들리겠지만 문제는 페미니스트들이, 여성이 '노'라고 말할 때는 '노'라는 그들의 구호로 우리를 오랫동안 성가시게 했다는 것이다. 그리고 그동안에 동일한 페미니스트들이 아주 중요하고 어쩌면 훨씬 더 큰 힘을 가지는, '예스'라고 말하는 우리의 능력을 뒤흔들기 시작했다는 것이다.

성범죄의 근거에 관한 내 첫 의혹들이 바로 거기서 생겼다. 나는 이러한 범죄들을 통해 보호받는 것은 성적 자유가 아니라 (조사 초기에는 그럴 거라고 생각했었다) 아주 다른 것, 실제로는 훨씬 더 비열한 것임을 깨달았다. 그러나 당시 나는 내가 처음에 발견한 사실들에만 생각이 머물렀었다. 어떻게 해서든지 이 끔찍한 연구를 계속해야 했었다…….

그 사이에 마리 폴이 새로운, 또한 대담하기도 한 사업을 시작했다는 것을 알았다. 그녀는 18구에 사는 영화인, 시나리오 작가, 그리고 카메라맨 친구들과 함께 여자와 성을 동시에 존중하는 성관계를 갖기 위해서, 진정으로 '자유롭기' 위해서 어떻게 해야 하는가를 보여주는 아름다운 영상 잠언 같은 영화들을 찍기 위한 제작소를 세우기로 결심했다. 마리 폴은 언젠가는 모든 젊은이들, 특히 교외 지역에 사는 젊은이들에게 시민 교육 시간 동안 이 영화들을 강제로 보도록 하는 법을 정부에서 제정하도록 하기 위해 신문에 관련 기사를 쓸 생각도 하고 있다. 이를 따르지 않을 경우에 그들은 감화원에서 며칠간 구금당할 것이며, 어쨌든간에 그곳에서도 조건부 석방이나 출소 허가를 받기 위해서는 그 영화들을 보지 않을 수 없을 것이다.

5

강간당한 숲 속의 미녀

얼마 전 나는 브르타뉴 지방에 사는 한 친한 친구에게서 아주 당혹스러운 편지를 한 통 받았는데, 몇 부분 옮겨 적고자 한다.

"사랑하는 루이즈에게,

3년 전, 자는 동안 내가 강간당했다는 사실을 지난주에 알게 됐어. 장 폴이라는 한 바보의 짓이었는데, 나는 휴가 기간 동안 나 대신 우리 집 식물들에 물을 주라고 그에게 아파트 열쇠를 빌려줬었어. 이 멍청이는 열쇠를 되돌려 주려고 아파트로 와서 벨을 눌렀어. 나는 대답하지 않았는데, 왜냐하면 잠을 자기 위해 수면제를 먹었기 때문이야. 그는 아파트 안으로 들어와서 나를 찾았고, 침대에서 벌거벗은 채 죽은 사람처럼 자고 있는 나를 발견했지. 그리고 그는 다가와서 내가 깨지 않도록 가만히 검지를 내게 밀어넣었어(나중에 그는 그냥 내 몸 '안'의 온도를 느끼려고 그랬다고 말했지). 마침내 눈을 떴을 때, 나는 특별히 이상한 점은 아무것도 못 느꼈어. 다른 날과 마찬가지로 일어나기 힘들었어."

나는 이 이야기가 꽤 이상하다 생각했고, 특히 그 장면을 묘사하기 위해 그녀가 사용한 용어, 즉 '강간'이라는 말도 이상하게 들렸다.

그러나 서재에 굴러다니던 형법을 읽으면서, 사빈의 말이 전적으로 옳았음을 알았다. 그건 강간에 해당됐다. 어떤 삽입 행위라도 희생자의 동의가 없는 경우 강간이 성립하기 때문이었다. 중요한 것은 단순 절도의 경우처럼 그녀가 동의하지 않았다는 점인 것 같다. 사실 누군가에게서 무엇인가를 빼앗을 때, 비록 그 사람이 절취에 대해 몰랐다고 하더라도, 그리고 그 물건이 조금도 손상되지 않았다 하더라도, 어쨌거나 그 행위는 절도에 해당한다. 이것이 바로 내가 사빈의 편지를 받은 후, 위에서 언급한 법전에서 읽은 내용이다. 강간은 절도보다도 훨씬 더 엄중한 처벌을 받는다. 그녀의 동료의 바보 같은 행동은 15년 형을 받을 수 있었다.

장 폴이 저지른 행동에 무엇인가 법에 저촉되는 점이 있다는 것을 확실히 알게 됐지만, 형법이 그에게 정해 놓은 처벌이 조금 지나치게 무겁다는 생각을 하지 않을 수 없었다. 그리고 그런 행위를 살인 협박이나 폭행·상해 등을 가하며 누군가에게 저질러진 강간과 동일시할 수는 없을 것 같았다.

이 모든 것을 안 후, 나는 일어났던 사건과 앞으로 그녀가 어떻게 할 생각인지에 대해 더 많은 정보를 얻기 위해 사빈에게 전화를 하기로 결심했다.

그녀의 목소리는 아주 이상하게 들렸다.

"그 일에 대해 알게 되었을 때 난 처음엔 웃었어. 틀림없이 짜증이 나서 그랬을 거야. 왜냐하면 만일 네가 그 사람을 본다면 아마 깜짝 놀랄 거야. 그는 아주 섹시하고, 젊고, 명랑해. 내 육체가 그에게 어떤 반응이라도 이끌어 낼 수 있을 거라고는 한번도 상상 못했을 그런 유형의 사람이지. 나한테는 그가 지나치게 잘생긴 사람이라고 생각됐기 때문에 나는 충동을 억제하려고 노력해야 했어. 그리고 내 식물들에게 물을 주라고 그에게 부탁한 것은, 사실은 일종의 대용품처럼 나의 에로틱한 생각을 이웃의 순수한 부탁으로 바꾸기 위한 것이었어.

아주 우연히 그때 무슨 일이 있었는지를 알게 됐어. 그 일이 있은 후 그는 결혼했는데, 그의 아내와 나는 마음이 통했고 우리는 꽤 가까운 사이가 됐지. 우리는 자주 서로를 초대했고(당시 나는 조르주와 동거하고 있었는데, 우리는 서로 사랑하고 있었어), 적어도 일주일에 한번은 함께 저녁 식사를 하고 밤늦게까지 술을 마시곤 했지. 거의 두 달 전, 어느 저녁 우리는 농담하고, 마시고, 에로틱한 고백을 서로에게 하는 중이었어. 그때 미친 듯한 웃음 사이로, 그의 아내가 장 폴의 짓궂은 장난에 대해서 이야기할 때라고 말하는 거야. 그렇게 해서 그 일에 대해 알게 됐어.

즉각 그 이야기는 정말로 나를 놀라게 했어. 나는 조금 웃었고(모두가 함께 저녁 식사 자리에 있었기 때문에), 조르주도 나처럼 반응했어. 그러나 다음날 나는 엄청난 두통과 아주 나쁜 기분으로 잠에서 깼어. 그리고 그날 장을 보다가 우연히 알리스를 만나게 된 거야. 그녀는 내가 아주 좋아하는, 내 첫번째 이혼 사건을 맡았던 변호사야. 우리는 어느 커피숍에 앉아서, 그녀는 내게 피에르 앙리와의 관계가 끝난 것에 대해 이야기하고 나는 그녀에게 장 폴과의 이야기를, 사실 그다지 큰 중요성을 두지 않고 말했어. 그러자 갑자기 그녀의 얼굴이 창백해지더니, 내 손을 잡고는 비장한 어조로 말하는 거야. '사빈, 넌 강간당한 거야. 널 강간한 거야, 그 비열한 놈이 널 강간한 거라구.'"

사빈은 계속해서 말했다. "나는 놀라서 어안이 벙벙했어. 강간을 당한 많은 다른 여성들처럼 나도 피해자였고, 막 그 사실을 알았던 거야. 알리스는 다가오더니 몸을 일으키며 말했어. '지금 경찰서로 가자, 가서 고소하는 거야.' 나는 그 놀라운 이야기에 최면에 걸린 것처럼 그녀를 따라갔어. 그녀는 소송과 소송에 관련한 모든 일들을 맡아서 해줬어. 나는 손해 배상을 청구했고, 유죄 판결뿐만 아니라 상당한 보상까지 청구한 거야.

알리스는 그동안 내가 토론 그룹에 참여하고, 이러한 종류의 사건들을 다루는 정신분석 전문가와 접촉하기를 바랐어. 이 모든 일이 내가 처한 상태에 대해서, 즉 나는 완전히 그리고 명백한 정신 파괴의 상태에 처해 있다는 것을 이해하게 해줬어. 다른 여성들은 내게, 앞으로는 내 삶의 어떤 것도 전과 같지 않을 것이며, 나는 이제부터는 생활한다라기보다는 견디며 살아가라는 선고를 받은 피해자이며, 다행히도 나는 혼자가 아니라 강간이라는 내면의 죽음에서 살아남은 모든 다른 사람들과 함께라는 점을 자각시켜 주었어. 주 1회의 그룹 미팅에서 사람들은 내 경우가 특수하다고 해서 내가 겪은 침해의 심각성이 줄

어드는 것은 아니라고 몇 번이고 되풀이해서 말했어. 어떤 여성들에게는 그런 상황들이 통상적인 상황에서 느끼는 충격보다 훨씬 더 심각한 정신적 충격을 초래할 수 있는데, 왜냐하면 잠이 피해자들을 상대의 마음대로, 마치 우리가 아기였을 때처럼 아주 공격받기 쉬운 상태로 만들기 때문이야. 내 희생자 동지들은 강간을 이렇게 갓난아기 성추행에 비교하는 것이 가장 적절하다고 여기는 것 같았어.

따라서 거의 마법의 열쇠처럼, 강간에 대한 자각은 운명의 그날 이후로 내가 밟아온 실패의 노정의 원인을 깨닫게 해주었어. 사실 그렇게 행동한 이후 나는 직장에서 해고됐고, 조르주와의 관계도 점점 나빠졌으며, 나의 개인적인 가치가 너무나 크게 하락해서 어떤 일도 시작할 수 없게 돼버렸어.

그 더러운 놈이 감옥에 가고 공개적으로 유죄 판결을 받는다는 사실이 내게는 일종의 구원의 길이 될 것이고, 그것은 아주 조금이나마 내가 처한 정신적인 대혼란에서 빠져나오도록 도와줄 거야."

솔직히 말해서 이 이야기는 나를 놀라게 했으며, 특히 이 가련한 사빈이 나처럼 학업과 직업에서 실패했었다는 사실이 기억났을 때는 더욱 놀랐다. 게다가 그녀는 약간 남자에게 의존적인 성향이 있고, 특히 '가정을 꾸리려'는 욕구에 사로잡혀 있었는데, 그 때문에 그녀는 모든 종류의 문제들에 휩쓸렸었다. 그녀는 많은 임신과 낙태를 했고, 자살 기도와 그 유사한 시도들을 했다. 전남편인 쥘리앵은 그녀에게 많은 빚을 떠넘기고 그녀를 떠나갔으며, 그녀가 빚을 갚는 데는 2,3년이 걸렸다. 그러나 그것이 다가 아니었다. 쥘리앵은 그녀에게 훨씬 더 비열한 짓을 했다. 그들이 처음 만났을 때, 그는 신장에 아주 심각한 문제가 있었는데 유일한 해결책은 이식뿐이었다. 사빈이 그의 조건과 일치하는 신장을 가졌음이 확인됐지만, 기증을 하려면 그녀가 그의 배우자라야 했다. 그것이 법이었다. 그녀는 그를 매우 사랑했기 때문에 그들은 결혼했고, 이식이 이루어졌다. 몇 달 후 그녀에게 억누를 수 없는 씁쓸함과 앞에서 말했듯이 무거운 빚을 몫으로 남기고 그는 다른 여자와, 신장과 함께 도망갔다. 그녀가 다시 신장을 요구하려고 했을 때, 변호사는 불가능하다고 말했다. 왜냐하면 이식이 이루어진 후에는, 제공된 장기는 상대방의 육체에 속하기 때문이었다. 요컨대 이 여인은 이상한 법적 문제에 부딪치게 된 것이었다.

그래서 나는 그녀에게 전화해서 이 점들을 상기시키고, 문제는 그녀의 몸에 몰래 삽입된 손가락이 아니라 어쩌면 다른 것들, 이전에 겪은 사랑의 실패들이나 도둑맞은 신장과 연결된 것이 아닐까라고 말했다. 그녀는 나의 개입을 아주 나쁘게 받아들였으며, '지배당하고' 있느니, '공범자' 라느니 등의 말로 나를 비난했다. 그녀의 분노는 끝이 없었다. "쥘리앵은 내 신장과 돈을 훔쳤지만 장 폴은 내 인생 전체, 여자로서 그리고 인간으로서의 미래를 훔쳤단 말이야."

그리고 나서 소송이 일어났고, 장 폴은 8년형을 선고받았다. 이 형벌 외에도 그는 출소 후에 다시는 이런 종류의 중죄를 저지르지 않도록 하기 위해 사회사법적 조치로서 10년간의 정신 치료를 받도록 되어 있었다. 또한 조치 기간 동안 그의 에로틱한 욕망을 약화시키기 위한 호르몬 치료도 강제되었다. 내 친구의 변호사 말에 의하면 그런 행위를 저지른 사람들에게, 비록 그 사람이 장 폴과 같이 덜 위험해 보이는 사람이라도 필연적으로 다시 그런 짓을 저지르게 돼 있다는 것을 알지만, 가능한 모든 방법으로 재범을 막기 위해 이러한 모든 조치들이 취해졌다는 것이다. 이번 경우를 통해서 나는, 전문가들의 말을 빌리자면 이러한 부정한 행위들은 그것이 아무리 사소한 것이라 해도 그 무엇도 멈출 수 없는, 강박적인 실제의 인격을 드러내기에 충분하다는 것을 알게 됐다. 나는 만약 그런 짓을 한 사람들을 어떻게 할 수가 없다고, 그리고 어떤 처벌을 받아도 그들이 다시 중죄를 저지르게 될 것이라면 그런 치료들이 무슨 소용이 있느냐고 그녀에게 물었다. 그녀는 아무도 그 치료에 대해 기대를 갖고 있지 않으며, 지금으로서는 그 범죄자들을 죽일 수가 없기 때문에 어느 시간 동안 가두어 두는 것일 뿐이라고 대답했다. 알리스는 내게 조금 더 미묘한 얘기를 털어놓겠다며 덧붙였다.

"루이즈, 비록 내가 사회주의자이고, 항상 좌파였지만, 나는 이런 종류의 사건들을 위해서라면 사형 제도의 부활에도 찬성해. 그들을 처벌하기 위해서만은 아니야. 왜냐하면 어떻게 보면 그들은 환자들이니까. 너도 장 폴이 어떻게 생겼는지 봤잖아, 다른 설명은 필요없어. 그건 무엇보다도 피해자들을 위한 거야. 자신을 공격한 사람이 죽었다는 것을 아는 것은 피해자들의 치료에 매우 도움이 될 거라고 생각해. 그런 종류의 시련을 이겨내는 데는 그것이 유일한 방법이라고 생각해. 미국에서는 가증스러운 일부 범죄자들의 사형 집행시에, 희생자들의 가족들이 그들의 죽음을 확인할 수 있도록 그 과정을 촬영하는 것이 허용돼."

사빈은 소송 결과에 기뻐했고, 청구한 보상금도 받았다. 그녀의 행복의 이름은 장 폴의 유죄 판결이었다. 법의 공정함이 그녀에게는 치료가 되었으며, 이제 그녀는 자신이 피해자였던 그 살인 사건에서 치유되기 시작했다. 그러나 곧 그녀는 다시 의기소침해졌고, 그때부터 치료를 다시 시작하고 집단 토론에도 참여해야 했다.

"그건 강간이에요, 그런 일은 절대로 견뎌낼 수가 없어요, 죽는 것과 마찬가지죠." 그녀는 자신의 얘기를 듣고자 하는 모든 이들에게 그렇게 말했다.

이러한 신념은 결국 그녀로 하여금 성범죄에 관련된 여성들에 대한 거짓말과 치욕의 공모 체제를 고발하기 위해, 《죽음 저편의 증언》이라는 제목의 책(이 책은 어느 정도 성공을 거두었다)을 쓰도록 했다. 대범하게 그녀는 소송 절차를 개선하도록 현행법의 수정까지 제안했다. 다른 부차적인 증거 없이 강간당한 여성의, "난 강간당했어요"라는 말만으로도 피고인을 감옥에 넣을 수 있는 충분한 증거가 되어야 한다는 것이다. 여자는 그런 종류의 상황에서 거짓말을 할 수 없을 것이라고 그녀는 주장했다. 그녀는 '침묵의 법'을 이기기 위해서는 이러한 해결책이 유일하게 효력이 있다고 여기는 것 같았다. 왜냐하면 다른 증거들이 필요하게 되면, 자신들의 이야기를 믿지 않을까 두려워 여성들이 증언하기를 주저할 것이기 때문이었다. 그녀의 말에 의하면 가장 중요한 것은 바로 우리를 둘러싼, 그녀가 '괴로운 침묵'이라 부르는 것과, 그것을 가능하게 하는 공모 체제와 싸우는 것이라 했다. 반면에 그녀는 다른 주동자들이 내놓은 제안에는 찬성하지 않았다. 그들은 자백에 만족하지 않으며, 아이들과 하는 것처럼 상황 증거와 심리 테스트를 통해 자백을 유도하고 끌어내기를 바랐다. 사빈은 이 방식을 극단적인 것이라 생각했고, 매우 프랑스적이랄 수 있는 중도(中道)의 철학을 항상 높이 평가했다. 그리고 그녀는 강간당한 여성들에게 퇴역 군인들과 똑같은 처우를 해줄 것을, 국가가 그녀들에게 종신 연금을 지급하고, 메달 수여식을 준비할 것을 제안했는데, 이 모든 것은 강간범들의 창조자·생산자·장려자인 이 사회에게 그녀의 경우처럼 여성들에게 저질러진 잘못에 대한 책임을 지게 하기 위한 것이었다.

현재로서 그녀의 법안은 실패했다. 그러나 여성들을 위해 한 자신의 훌륭한 일이 주목받았기 때문에 그녀는 조금 위안을 받았다. 적절한 보수와 함께 정부 부서에서 일해 달라는 제안도 받았다. 그후로 그녀는 매우 바쁘게 지냈으며, 치료도 그만두어야 했다. 그러나 그녀의 예전 동지들은 그녀를 붙들고 강간당한 여성은 그렇게 행동할 수 없다고, 그런 식으로 행동하는 것은 다른 피해자들을 모독하는 것이며, 그녀가 사회적으로 존재하도록 한 원인의 가치를 떨어뜨리는 일이라고 말했다. 성공한 인생을 살아온 여자가 정신적 죽음을 겪었다는 것을 어떻게 믿을 수 있단 말인가, 어떻게 말인가? 만일 어떤 흔적도 없이 그 경험에서 회복될 수 있다면 장 폴과 같은 범죄자들에게 내려진 엄한 형벌을 어떻게 정당화할 것인가?

사빈은 한 가지 책략을 찾아냈다. 그녀는 자신이 겉으로 활기에 넘쳐 보이고 능동적이며 행복해 보이기까지 하지만, 사람들이 그녀의 안에는 시체가 있음을, 그녀는 시체와 다름없음을, 그리고 그 시체는 그녀의 강간당한 동지들과 함께했던 진실의 오후들을 떠난 적이 한번도 없었다는 것을 모르기 때문이라고 공개적으로 발표했다.

6
성범죄는 성적 자유를 침해하는 것인가?

나는 사람들이 꽤 붐비는 어느 파티에서 사빈의 이야기를 했는데, 그것은 약간의 소란을 일으켰다. 나이가 좀 들어 보이는 한 여성이 내게 타인의 고통을 비웃고 있는 것 같으며, 강간자들을 옹호하고 그러한 상황에서 일어나는 모든 다른 일들까지도 지지하는 것 같다고 말했다.

그러나 내 이야기를 아주 주의 깊게 듣고 있던, 파이프와 붉은 나비 넥타이 때문에 약간 우스꽝스러워 보이는 나이 지긋한 남성이 내 생각을 지지한다며, 이 문제에 대한 자신의 생각을 사람들에게 들려주고 싶어했다. 그는 모든 사람이 자신의 멋진 말을 들을 수 있도록 큰 목소리로 내게 말했다.

"아가씨, 저는 당신의 생각을 이해합니다. 감옥이 사회적·문화적 또는 도덕적인 문제들을 해결하는 데 가장 적당한 장소가 아니라고 생각하는 사람들에게 불행한 장 폴 같은 남자들이 겪는 감옥 생활이나, 장기 복역을 정당화하는 것은 사실 어렵습니다. 우리들은 거의 수세기 동안 그 부당함과 무용성에 대해 비난해 왔는데, 페미니즘처럼 전위를 맡겠다고 주장하는 사회 운동들이 갑자기 감옥을 공공의 안녕을 지키기 위한 도구로 만들었습니다. 공포 정치가 단두대를 그 도구로 사용했듯이 말이지요. 그러나 강간범들에 대한 이러한 가차없는 고소는 어떤 의미에서는 여성의 성에 대한 남성들의 태도 변화를 알리는 상징적인 의미를 가졌음을 아셔야 합니다. 그러한 태도가 일부 여성들의 눈에는 말하자면 약탈처럼 보였으며, 일반적으로 여성들의 억압의 상징으로 해석되었습니다. 강간이 거의 처벌되지 않고 범죄로 취급되지 않는다는 사실은, 여성들의 육체를 남자들이 원할 때 점령할 수 있는 단순한 물건 같은 것으로 취급하는 당국의 진정한 음모를 드러내 주는 것이었습니다."

그 모임에 참석한 아주 잘난 체하는 듯하고, 흥분으로 쫓기는 동물처럼 위축된 것 같은 한 젊은 남자가 강간은 항상 처벌을, 그것도 아주 엄중한 처벌을 받아왔으며, 따라서 강간 관련 형법의 개혁 시기인 1980년 이후로 페미니스트들이 도입해 온 변화들의 대상이 되지 못했다고 반박했다.

"사실 그동안 추진되어 온 강간 퇴치 운동에 대해 매우 강한 이의가 제기되고 있는 이유는 바로 그 상징적 성격, 강간범들에게 아주 엄한 형벌을 선고함으로써 '본보기'를 삼겠다는 주장 때문입니다. 정확히 말해서 그것은 성이나 두 성들간의 관계에서 사람들의 행동과 감수성을 변화시키기 위한 좋은 방법이 아닙니다. 덜 폭력적이며 비용도 덜 드는 다른 방법들이 있습니다. 왜냐하면 범죄에 사용되는 대표적인 다른 무기들과는 다르게, 강간을 한 개인에게 저지를 수 있는 범죄 중 가장 무거운 것으로 간주하고 과장된 방식으로 처벌하는 이러한 방식 자체가 많은 피해자들을 만들기 때문이죠. 여러 사람들이 희생되었지요, 성범죄자들뿐만 아니라 피해자까지."

"아니, 뭐라구요, 피해자라구요?" 점점 더 격분한 나이 든 한 부인이 물었다. 그녀는 1970년대의 한 유명한 여권 운동가임이 밝혀졌다.

"들으신 대로 피해자라고 했습니다, 부인. 한 여성이 강간의 피해자가 될 때 그녀는 다른 사람들에게서, 전문가들이나 판사들, 그리고 사회 전체에서 단 한 가지 이야기만 듣게 됩니다. 즉 그녀는 파괴되었으며, 정신적으로 죽었다구요. 따라서 우선 피해자는 이 운명을 받아들이고, 다른 사람들이 만들어 놓은 피해자의 이미지를 닮을 가능성이 아주 많습니다. 그 다음으로 또 다른 우려는 삶에서의 모든 욕구불만들, 실패들, 그녀가 겪은 강간에 대한 고통들을 체념하듯 받아들이도록 한다는 것입니다. 이러한 의미에서 튀젠 양이 방금 우리에게 한 이야기는 아주 설득력이 있습니다. 그러나 그것이 어린아이들에게 저질러진 경우, 즉 오늘날 유행하는 아동 성추행일 경우 훨씬 더 심각한 문제가 됩니다. 피해자들은 심하게 학대당했기 때문에 그러한 심한 정신적 충격을 겪은 아이는 나중에 그 자신도 강간범, 더 정확히는 아동 성추행범이 될 것이라고 추정합니다(때때로 확신하기도 합니다). 아시겠지만 그렇기 때문에 그들에게도 범죄자들에게 하는 것과 마찬가지로 정신과 치료를 받도록 제안하는 겁니다. 그들 역시 잠재적인 범죄자로 간주되기 때문이지요. 마치 범죄를 일으키는 성이 일종의 흡혈귀의 짓처럼, 즉 다른 흡혈귀에게 물리면 전염되는 것처럼 말이지요……. 제가 여러분에게 말씀드리는 이야기는 법에 나와 있습니다. 1998년의 법입니다. 이 사실은 아주 중요하게 여겨졌기 때문에 아이들의 경우에서, 오늘날 판사들이나 매체, 정신의학자들까지 그들이 겪은 상처에 개입하는 방식이 성추행의 희생자였다는 사실을 더 악화시키는 것은 아닌지 자문해 보기에 이르렀습니다."

그 노부인은 격분해서 오열로 목이 메었다. 바로 그때 금발머리에 구릿빛 피부의, 최근에 창설된 '명백하고, 잠재적이며, 무의식적인 동성애 혐오와 이성애 차별주의 반대 운동 협회(ALHHMLI)' 회원인 한 젊은 남자가 끼어들었다. 그는 친절하게 파티 초반에 동성애를 혐오하는 말을 하는 이들에게는 5년의 금고형에 처하며, 역시 같은 종류의 증오를 비언어적인 몸짓으로 하는 사람들에게도 정신과 치료를 강제로 명령하는 법안에 관한 내용이 담긴 책자를 사람들에게 나누어 주었다. "왜냐하면 오랫동안 우리들이야말로 미친 사람들이었고, 백질 절제 수술을 한 사람들이었으며, 수용소에 보내지는 사람들이었기 때문이지요. 하지만 이제 그들의 임종이 임박했습니다. 이제 그들이 대가를 치러야 할 것입니다. 우리는 그들에게 역할이 바뀌었다는 것을 보여줄 것입니다. 우리는 처벌 도구의 독점을 탈취할 것입니다. 그들은 우리가 이 싸움에서 이겼다는 것을 알게 될 겁니다"라고 자신에게 질문하는 사람들에게 그가 설명했다. 사람들의 대화에 막 끼어든 이 젊은 남자는 그 노부인을 열렬히 옹호했다. 방금 들은 이야기로 그녀의 잇몸은 부풀어 오르기 시작했으며, 눈에는 핏발이 섰다.

"페미니스트 운동은 투쟁해 왔고, 여성들의 의지를 존중하도록 하기 위해, 여성들이 '노' 라고 말할 땐 '노' 라는 것을 받아들이도록 하기 위해 아직도 투쟁하고 있습니다. 이해가 안 가십니까?"

그러나 겨우 진정한 그 노부인은 그의 시의 적절한 지원을 고마워하지 않았을 뿐만 아니라 정말로 기분 나쁜 말까지 했다.

"이봐요, 젊은이, 자네가 무엇이라고 생각하든간에 우리는 자네를 동지로 생각하지 않네. 자네는 우리에 대해서, 우리의 투쟁에 대해서 할 말이 없어. 무엇보다도 자네는 남자이며, 다른 남자들처럼 자네도 동물처럼 성교하네. 자네들은 이성애자들보다 더 형편없다고 할 수 있어. 적어도 그 사람들은 여성을 필요로 하니까, 때로는 여성의 존재로 인해 부드러워지기도 하니까 말일세……. 자네들은 전혀 그렇지 않아. 그리고 가장 나쁜 건 그게 아니야. 가장 나쁜 건, 내 위대한 친구 미셸 C.가 말했듯이 콘돔이야. 이 끔찍한 지배 도구로 자네들은 글자 그대로 세상을 차지한 것일세. 콘돔 예찬이 도대체 어디에 쓸모가 있는지 아나? 내가 자네에게 얘기해 주지. 단 한 가지 이유에서이네. 바로 여성들이 그녀들에게만 있는 신체 기관, 그녀들만의 소유인 기관들, 따라서 다른 사람들은 아랑곳하지 않는 기관들에 생기는 암에 걸려 파리처럼 죽어간다는 사실을 잊게 하기 위해서지. 여성들은 자궁, 유방에 생기는 병 때문에 조용히 죽어가고 있다구. 하지만 그녀들을 위한 어떤 조치도 취해지지 않았어. 내 확신하지만 그렇게 죽어가는 여성들의 수가 자네들 남자들이 에이즈로 죽는 것보다 더 많다네! 특히 자네들을 치유하기 위해 엄청나게 비싼 의약품들을 개발해 낸 이후로는 더 더욱……. 미셸이 정확하게 말한 바대로 자네들은 콘돔과 함께 의학적 · 성적 그리고 정치적 주요 관심거리로서 음경을 확대하는 것에만 관심을 가져왔지."

놀라고 절망한 젊은 남자는 그래도 그 이상한 동지를 설득하기 위해 다시 한번 시도했다.

"하지만 부인, 이해가 안 가는군요. 우리들의 적은 같습니다. 우리는 평등을 위한 당신들의 투쟁과 대학에서의 성희롱 퇴치 운동을 지지해 왔습니다. 또 사용하는 모든 단어들의 뒤에 'e'와 'es'를 붙여 여성형을 만들고, 심지어는 여성형 단어들 뒤에도 붙였습니다. 이해가 안 되는군요, 더 이상 어떻게 하란 말입니까?"

부인은 약간 경멸하듯 말했다. "이보게, 가서 자네 할머니가 길 건너는 거나 도와 주게! 내가 알기로 우리는 당신들에게 아무것도 요구한 적이 없어. 자, 그럼 이제 이 사람들이 어디까지 치사하게 나오는지 보게 날 좀 내버려두겠나."

그러나 그 젊은 운동원은 가지 않았다. 당황해하며 고개를 설레설레 흔들고는 그 노부인이 앉은 의자의 발치에 앉았다. 그리고는 아무 말 없이 우리의 작은 모임에 모인 다른 회원들에게 도전의 시선을 보냈다.

분위기를 진정시키기 위해 나는 아까 하다 만 토론을 다시 시작하려고 애썼다. 최근에 나는 꽤 놀라운 책을 하나 읽었다. 《대부분의 범죄는 성과 관련하여 일어났다》로 시작하는 제목이었는데, 뒷부분은 기억나지 않는다. 한 여성이 지은 책으로 이름은 잊어버렸지만 정말로 잘 쓴 책이었다.

"앞에서 얘기한 강간 이야기를 들으면서, 제 생각에는 사실 페미니스트들이 여성들의 '노'라고 말할 권리를 지키기 위해 투쟁했다는 것은 사실이 아니라고 봐요. 최근에 읽은 책이 하나 있는데, 1980년의 개혁 목적이 그런 것이 아니었다는 것을 잘 설명하고 있어요. 이 책에서는 강간에 대해 재정의를 내리고, 성범죄가 끔찍하게 팽창하는 원인에 대해 이야기하고 있는데, 프랑스에서 감옥의 주요 기능 가운데 하나가 성을 통제하는 것이에요. 사실 이 책에서는 항상 여성의 동의가 어떤 성적 행위를 강간으로 규정짓는 시금석이 되어 왔다는 것을 잘 보여주고 있습니다. 적어도 나폴레옹 법전 이후라고 말할 수 있는데, 그 이전은 또 전혀 다른 상황이기 때문이죠. 그러나 19세기와 오늘날까지 무동의가 강간을 규정짓는 기준이었지요. 사빈의 경우처럼 아주 명백한 동의가 필요했어요. 기습적으로, 아니면 잠자는 동안 강간당한 여성은 동의하지 않은 거죠. 그 이유 때문에 처음으로 파기원(프랑스 일반 법원 중 최상급으로 우리의 대법원에 해당)에서 19세기 중반 꽤 믿기 어려운 경우를 강간으로 판결 내렸죠. 남편인 것처럼 가장하여 어느 여인의 침대에 들어간 한 남자에 관한 것이었어요. 불쌍한 여인은 그와 동침하기 시작했고, 그러다가 갑자기 기만 행위라는 것을 알아차린 그녀는 그를 밀쳐내고 고소했어요.

사실 그 시대의 판사들은 장 폴이 사빈에게 한 행위를 강간으로 보지는 않았을 거예요. 왜냐하면 그러한 결정은 십중팔구 고전적인 성교에만 적용됐기 때문이에요. 강간이란 '조금도 동의하지 않는 여성과의 부정한 성교' 라고 말했어요. 전 이 표현이 너무나 마음에 들어서 외워 버렸죠. 그러나 왜 이 표현이 고전적 성교의 경우에만 적용되는 걸까요? 왜냐하면 현실적으로 이 모든 형법적 조치를 통해 보호되는 것은 여성들의 성적 자유가 아니라, 이름이 기억나지 않는 그 작가가 아주 정확히 말한 것처럼 결혼을 함으로써 생기는 사회 질서, 좀더 정확하게 말하면 결혼한 한 남자와 한 여자 사이의 성교, 유일하게 합법적이며 의무적이기까지 한 성행위가 보호되는 거예요. 그렇기 때문에 '부정한 성교' 라고 부르는 거지요. 합법적인 남편이 거친 방법으로, 폭력과 협박을 사용해서 부인을 취한다 하더라도 그것을 강간이라고 말할 수는 없었어요. 사실상 부부는 서로에게 '부부간의 성적 의무' 를 다해야 했어요. 다시 말해 부부는 합법적으로 서로에 대해 성관계의 의무를 져야 한다는 거예요. 그래서 각자는 상대에게 강제로 이 의무의 실행을 요구할 권리가 있어요. 그것은 불가피하게 '합법적인 성교' 였어요. 요컨대 강간은 성스럽고 가치 있는, 우리에게 권리가 있으며 권리를 주는 이 사회적 행위와 조금 반대되는 것이에요. 따라서 만지는 행위나 그 비슷한 다른 행위들 모두는 다른 논리, 다른 처벌에 속하게 됩니다. 예를 들면 '강제추행죄' '폭력을 사용했느냐 하지 않았느냐' '풍기문란죄' 등이 있지요.

반대로 혼외 성관계는 허용되기는 했지만, 사실상 부도덕한 것으로 여겨졌어요. 그러한 이유 때문에 혼외 성관계는 '동의'가 필요하게 되죠. 상대방의 동의는 말하자면 단지 처벌을 면하게 된다는 것뿐이에요. 그러나 이들 행위들 자체는 결혼 제도를 침해하는 것이 돼버려요. 그리고 만일 이 행위들이 동의 없이 이루어진 것이라면 범죄가 되는 거예요. 그러면 왜 여성들이 동의를 해야 했을까요? 그건 당시에는 이러한 성도덕의 대가를 치르는 게 여성들이었기 때문에, 남편이 아닌 남자와 동침하면서 실제로 위험을 감수해야 하는 건 여성들이었기 때문이죠. 비합법적인 상황에서 여성이 태어나게 한 아이들 또한 그 대가를 치르게 됩니다. 오늘날에는 아주 구시대적인 것으로 보이는 사생아들의 사회 부류가 존재했다는 점이 그것을 증명해 주고 있어요. 임신과 출산을 피할 합법적인 방법이 없었기 때문에 사실상 여성들은 이러한 옛 질서 체제에서 최악의 상황에 처해 있었다고 말할 수 있어요. 혼외 관계에서 생긴 아이를 남성에게 책임지라고 강요할 수 없었어요. 왜냐하면 부자 관계는 결혼을 통해 생기거나 자발적인 시인에 의해서 이루어져야 하기 때문이에요. 요즘 말하는 친자 관계 확인 같은 건 없었어요. 혼외의 성적인 활동에 대해 남자는 전적으로 책임이 없었습니다.

강간법은 이러한 사회 질서와 밀접한 관계가 있었으며, 결혼뿐만 아니라 정숙한 여성들, 자신들과 결혼하지 않은 남자들과 그런 식으로 동침하지 않는 여성들을 보호하는 것이 목적이었어요. 따라서 결과를 책임져야 하는 것은 여성들이었기 때문에 그러한 성관계는 여성들의 의식적인 결정뿐만 아니라 그녀들의 명백한 동의를 필요로 했었다고 말할 수 있을 거예요.

그래서 1980년에 일어났던 것이…… 바로…….”

그 작가가 그것에 대해서 무엇이라고 했는지 더 이상 기억이 나지 않았는데, 왜냐하면 갑자기 일종의 부분적 기억상실이 일어났기 때문이었다(아마도 파리의 7월의 열기 때문일지도 모른다). 제대로 하지 못한 발표를 끝냈을 때 약간 거북한 침묵이 흘렀다. 그러나 퇴직법 교수로 밝혀진, 나이 든 그 남성이 친절하게 나를 응원해 주었다. 아마도 그는 내가 읽은 것과 같은 책을 읽었던 것 같다.

“맞습니다, 튀젠 양, 당신의 생각이 옳습니다. 당시의 성도덕에서 여성의 확실하고 명백한 동의는 아주 중요했습니다. 부부 생활의 윤리이기도 한 성도덕에는 결혼 관계에서의 의무적인 바람직한 성과 동의가 있느냐 없느냐에 따라 묵인되거나 유죄 판결을 받는 혼외의 나쁜 성이 있었습니다. 제가 조금 전에 강간 투쟁이 남성들과 여성들 사이의 지배력의 관계를 변화시키기 위한 상징적 투쟁의 범주에 포함되어야 한다고 말한 것도 바로 이런 이유에서입니다. 제가 그 투쟁이 **성적 자유**를 법률적으로 보호받는 사회적 가치로 강요하기 위한 투쟁이었다고 말하지 않았다는 사실에 주목해 주십시오. 튀젠 양이 잘 얘기해 준 것처럼, 결국 동의를 강간의 기준으로 삼기 때문에 성적 자유가 보호받는 것은 아닙니다. 여기 앉아 계신 남자분이 믿는 것과는 반대지요."

페미니스트 노부인의 발치에 앉아 있던 젊은 남자는 그 도발적 발언에 대답하고 싶어하지 않는 척하며 시선을 위쪽으로 돌렸다.

"제 생각에는 그 점이 성과 관련한 형벌이 믿을 수 없을 정도로 강화된 이유를 설명해 줍니다. 1980년, 19세기에 통용되었던 강간의 정의가 더 이상 받아들여지지 않았던 것은 분명합니다. 사실 1970년대초 이후부터 낙태를 합법화하는 법이 제정되기까지 성관계의 의미에 대단한 변화가 있었습니다. 결혼은 더 이상 사회의 재생산을 준비하기 위해 필요 불가결한 제도가 아니었습니다. 이제부터 사생아들은 적자들과 똑같은 법적 지위를 가지게 되었고, 무엇보다도 친자 관계 확인을 허가하게 되었습니다. 사생아들의 범주는 사라졌습니다. 동시에 피임과 낙태는 여성들에게 원치 않는 아이를 낳지 않아도 되도록 해주었습니다. 이제부터 강간으로 인한 침해는 어떤 제도에 대한 훼손이 아니라 사람에 대한 침해로 간주하게 되었습니다. 따라서 누군가를 강간할 때 어떤 종류의 잘못을 저지르게 되는지를 알아야 했습니다. 그것은 생각하는 것만큼 쉽지 않습니다. 강간은 다른 범죄들과 다르기 때문입니다. 그것은 반드시 폭력적이지는 않으며, 반드시 장기간 또는 단기간의 육체적 후유증을 남기는 것도 아닙니다. 그 점은 다행입니다. 왜냐하면 만일 폭력을 휘두르는 것이 강간을 정의 내리는 데 있어서 필요한 유일한 행위라면, 강간을 당하는 것 외에도 매번 상처를 입어야 한다는 말이기 때문이지요. 미국의 경우가 그 예인데, 우리가 생각하는 것과는 반대로 미국의 강간법은 프랑스보다 훨씬 더 제한적입니다. 프랑스에서는 단지 **동의**만이 중요합니다. 즉 성관계에 분명하게 동의하지 않았다는 단 한 가지 사실이 강간을 결정짓습니다. 하지만 왜일까요? 누군가에게 그의 동의 없이, 비록 그 사람이 그 사실을 깨닫지 못한다 하더라도 성관계를 강요했다는 하나의 사실만으로 범죄로 간주된다는 것을 어떻게 정당화할 수 있을까요? 요컨대 그것이 바로 1980년 우리의 국회의원들과 참여 투사들이 이 법을 둘러싸고 해결해야 할 법적-철학적인 작은 수수께끼였는데, 그들은 그 점을 깨닫지 못했던 것 같습니다."

그리고 그는 파이프에 다시 불을 붙이며, 애매하게 눈을 깜박이면서 하던 말을 멈추었는데 틀림없이 남아 있는 사람들이 그에게 계속하라고 요청해 주기를 기다리는 것이었을 터이다. 그의 모습은 내가 가지고 있는 애거사 크리스티 전집의 표지에 그려진 에르퀼 포아로를 너무나 연상시켰다. 사실 그는 앞에서 말한 《대부분의 범죄는…》이라는 책에 나오는 이야기를 거의 똑같이 반복했다. 그러나 마치 그 자신이 범인을 찾아낸 척했으며, 우리 모두는 그 이름을 초조하게 기다리고 있는 중이었다. 그러나 이 토론이 점점 흥미로워진다는 점(내게는 그렇다)을 감안한다면 사실상 그런 것은 그렇게 중요하지 않았다. 그 젊은 남자는 어쩌면 예의상, 아니면 정말로 관심이 있어서인지 모르겠지만, 그러면 이 수수께끼를 풀기 위한 해결책이 무엇이냐고 그에게 물었다. 따라서 나이 든 교수는 다시 말을 시작했다.

"성적 자유는 보호될 수 없었어요. 그렇지 않습니까? 왜냐하면 정조, 또는 그 시대 용어로는 '풍기(風紀)'를 해쳤기 때문이지요. 게다가 이 용어는 바로 페미니스트들이 없애고 싶어하는 여성들에 대한 억압과 연결되어 있습니다. 그러나 이것은 또한 오늘날 미국에서 시사하는 바대로 여성들에 대한 범죄도 될 수 없었습니다. 왜냐하면 그것은 이 나라의 공화주의 방식을 거스르는 것이 되었을 테니까요. 그리하여 사회가 보호해야 하는 '성'이라는 개념이 만들어졌습니다. 그러나 실제로 아무도 그것이 의미하는 바를 모르고 있으며, 이렇게 말해도 되는지 모르겠지만 그것이 바로 약점입니다. 문제는 표현이 너무 애매하다는 것입니다. 물론 성이라는 개념은 아주 오래전부터 다른 분야들에 존재해 왔는데, 틀림없이 정신분석학에서 나온 말일 겁니다. 그렇지만 그 개념을 법, 특히 정확하고 분명한 범주를 요구하는 형법의 분야로 바꾸는 것은 아주 어려웠습니다. 왜냐하면 그 개념 덕분에 민주주의 체제에서 가장 귀중한 것, '정당한 폭력을 독점'하고 있기 때문에, 개인들이 그들간에 겪을 수 있는 모든 잘못들보다 훨씬 더 많은 잘못을 저지를 수 있는 국가의 권력 남용에 대항해 시민이 자신을 지킬 수 있는 가능성을 보호하고자 했기 때문입니다. 국가의 폭력에 대항하여 할 수 있는 건 아무것도 없었습니다. 그러나 믿을 수 없는 일이 일어났습니다. 우리는 형법에 그 한계를 알 수 없는 모호한 개념을 등록시켰던 것입니다. 그리하여 강간이란 어떤 종류의 것이든간에 타인에게 폭력이나 강제로, 또는 협박하거나 기습적으로 저질러지는 모든 성적인 삽입 행위로 정의하게 됩니다. 그러나 '성적인' 삽입과 '성적이 아닌' 삽입을 어떻게 구분할까요, 이것이 바로 **난점**입니다. 일부 판사들은 '성적인 삽입이다' 라고 말하고, 다른 판사들은 '그렇지 않다' 라고 말하는 경우들이 있었습니다. 같은 행위가 때로는 강간으로 규정될 수 있으며, 때로는 그렇지 않은 경우도 있습니다. 예를 들면 한 남자의 항문에 막대기를 밀어넣은 나쁜 불량배들은 강간으로 처벌받지 않았습니다. 그러나 막대기를 콘돔으로 덮어씌우고 같은 행동을 한 다른 불량배들은 강간으로 형을 선고받았는데, 왜냐하면 이 경우에는 명백한 '성적인 암시' 가 있었기 때문입니다. 원칙적으로 형법에서는 모든 처벌의 대상이 되는 행위들이 규정되고 기술되어져야 한다는 것을 아셔야 합니다. 정확히 말해서 판사들의 자유 재량에 맡겨질 여지를 두어서는 안 된다는 것인데, 왜냐하면 누군가를 감옥에 보낸다는 것은 너무나 중요한 일이기 때문에 형법상 비난받을 만한 행위를 저지르는 사람은 자신이 그것을 저지른다는 것을 미리 알 수 있어야 한다고 생각하기 때문입니다. 그것이 바로 '죄형 법정주의' 라 부르는 것이지요. 그것은 기본 원리이며, 헌법의 원리입니다. 그런데 강간의 경우나, 심지어 이제는 '성과 관련된다고' 보는 모든 범죄들의 경우에서도 이 원리가 무시되고 있는데, 이는 아주 심각한 문제입니다. 이것은 사람들이 그 자신들은 강간으로 생각하지 않고 저지르는 행위들로 5년, 8년, 10년, 또는 15년형에 처해질 수 있다는 것을 설명해 줍니다. 저는 이러한 정의의 부족, 말하자면 형법상의 개념적 체계의 결함으로 인해 성과 관련한 중죄들과 경범죄들의 처벌이 아주 빠른 속도로 과도한 것이 돼버렸다고 생각합니다. 왜냐하면 어떻게 보면 의미와 명확성의 그러한 공백을 보충하기 위해 피해자의 고통, 좀더 정확히 말해서 정신적 고통을 내세워야 했기 때문입니다. 그리고 형벌이 늘어날수록 그 고통도 엄청난 것으로 추정되었습니다. 좀더 정확히 말하면 아무것도 이러한 침해의 한계를 정의 내리지 못하므로 피해자의 고통이 대단히 크며, 측정 불가능하다고 생각하기 시작한 것입니다. 한편 실제로 측정 불가능한 것은 '성' 이라는 이 개념을 통해 우리가 보호하고자 애썼던 것이지요. 그러나 사실상은 전혀 별개의 일이 법의 기괴함 덕분에 일어나고 있었던 겁니다."

그 열렬한 젊은 남자는 빨간 나비 넥타이를 맨 노교수의 교육적인 무거움에 약간 지쳤는지, 짜증난 듯 경솔하게 물었다.

"무슨 말씀을 하시려는 건지 모르겠습니다. 조금 더 종합적으로 말씀해 주시죠. 여기 모인 부인들도 더 이상 기다리기가 힘드실 테니……."

"자네 말이 옳네. 젊은이, 핵심을 얘기하겠네. 상황을 좀더 가까이서 바라본다면 법적으로 잘 보호받는 것 같은 '풍기' 의 범주를 없애기 위한 그 전략이(겉으로 보기엔 아주 혁명적인 것 같아도) 실제로는 성에 대한 오래된 도덕적 편견을 쫓아내기 위한 가장 좋은 방법이라는 것을 깨달을 수 있습니다. 반(反)성적인 문화를 쫓아내고 싶어하는 것으로부터, 그리고 다른 수단들을 통해 그 문화를 강화하고 싶어하는 것으로부터 자유롭기를 바라는 사회에서는 그 방법이 유일한 것입니다. 남자의 성은 이러한 공격들의 주요 목표가 되었습니다. 강간범이 이 나쁜 성을 훌륭하게 구현한 것이죠. 사실상 강간범은 여자의 성이라는 틀에 따라 교화되어야 하고, 사회적으로 가치 있는 것을 본보기로 삼아 향상되어야 하는, 제어할 수 없고 죄가 되는 욕망을 구현한 것입니다. 예전에 우리가 방탕한 생활을 하는 여성, 즉 동물적인 충동에 따라 혼외 정사를 하는 여성, 모든 격렬한 비난과 모든 사회적 · 법적인 제재들의 대상이었던 여성에게 그 대가를 호되게 치르도록 했던 것과 같은 방식으로 오늘날에는 남자들과 남자의 성을 비난함으로써 성을 교화하려고 노력합니다. 그리고 이 교화를 담당하는 것은 바로 여성들입니다."

그 노부인은 교수를 모욕하기 시작했다. 그렇지만 그 교수는 아주 침착하고 우아하게 설명했다.

"천만에, 말도 안 되는 소리야! 말도 안 돼, 더러운 강간범 같으니. 당신 마누라를 어떻게 간음하는지 말해 보라구. 어쩌면 당신 애들일 수도 있겠군, 고백해 보시지. 그 따위 논리로 당신의 비열함을 숨기지 말라구!"

목소리를 높이지 않고, 그 남자는 그녀에게 말했다.

"부인, 잘못 생각하시는 것 같군요. 제가 말하는 게 틀리다고 생각하시면 그렇게 욕설을 퍼부을 게 아니라 깊이 생각해 보고

합리적인 답변을 하도록 노력하셔야 할 것 같은데요. 사실 제가 틀릴 수도 있으니까요. 차분히 얘기하신다면 저는 당신의 말을 들을 준비가 되어 있습니다."

"더러운 위선자, 나는 당신처럼 논리적이지 못해. 왜냐하면 우리 여성들은 당신들처럼 이성을 제어하지 못하니까. 왜냐하면 우리들은 느끼고, 우리들은 사랑하고, 당신들 기준에 따르면 우리들의 방식은 무질서하기 때문이지. 왜냐하면 어떤 면에선 당신들이 우리를 지배하기 위해 그 빌어먹을 이성을 만들어 냈기 때문이지. 당신들이 추론하고 전쟁을 위한 무기들을 만들어 내는 동안 우리는 사랑하고, 우리는 생명을 탄생시켜……."

그리고 나서 그녀는 갑자기 일어서더니 쾅 하고 문을 닫으며 그 모임을 떠났다. 그녀의 뒤를 따라 동성애 혐오에 반대하는 그 젊은 운동원도 일어섰는데, 그는 노부인이 들을 수 있도록 아주 큰 소리로 말했다. 그의 협박은 그 자리에 모인 손님들을 아연실색하게 했다.

"각오들 하라구! 우리 모두는 당신들을 무법자로 만들어 버릴 테니, 더러운 남성 우위자들!"

조금씩 우리들의 이야기에 참여하는 다른 사람들과 함께 그 매력적인 토론이 계속되었기 때문에 그는 마침내 우리들의 머릿속에서 사라졌다.

많은 관심을 가지고 우리 이야기를 경청한, 아름답고 활동적으로 보이는 한 젊은 여성이 빨간 나비 넥타이의 그 노교수에게, 자신이 분명하게 생각하는 바에 대해 말했다.

"선생님, 저는 당신의 이야기가 이해 안 갑니다. 강간 퇴치를 위한 투쟁과 뒤따른 합법적인 변화들이 무엇보다도 성적 자유, 여성들과 다른 모든 사람들의 성적 자유를 그 누구도 구속하지 못하도록 보호하려 애썼음을 나타낸다는 것을 잊으신 것 같아요. 선생님의 생각에서는 그 점이 빠진 것 같아요. 그러한 자유에 이르기 위해서는 우리가 임신의 위험 없이 성관계를 가질 수 있어야 했어요. 이것이 당신이 말씀하신 피임과 낙태법에 대해 설명해 줍니다. 프랑스 법에 나오는 여성들의 '노'에 대한 이른바 한결같은 존중에 대해 당신이 무엇이라고 말하든간에 여성들의 '노,' 즉 그녀들이 거부를 표현할 수 있다는 사실이 성적 자유의 이행을 위해 필수적인 조건이었기 때문에 강간법 역시 필요하게 됐죠. 왜냐하면 사실은 과거에 판사들이 강간범들을 종종 처벌하지 않았다는 것을 잘 알고 있기 때문이에요."

그 젊은 여성에게 반한 듯한, 그래서 그녀에게 깊은 인상을 주고 싶어하는 한 젊은 남자가 약간은 서투르게 즉각 대응했다. 그는 그녀가 틀렸다는 것을 설득하며, 그녀의 마음을 사로잡기를 바랐다.

"아가씨, 제가 생각하기엔 당신이 틀린 것 같습니다. 이 나라에서는 성적 자유가 보호받지 못합니다. 단지 허용할 뿐이며, 그것도 낙태의 자유에 훨씬 못 미칩니다. 사람들이 서로의 동의하에 성관계를 가지는 것을 누군가가 막을 경우 예상되는 처벌이 없다는 것이 그 증거입니다. 반대로 임신중절에 반대하는 투사들에 대해서는 처벌을 내리죠. 저도 그 점에 대해서는 기뿝니다. 그러나 그것은 우리가 성적 자유와 낙태의 자유를 같은 차원에 두고 보지는 않는다는 것을 나타냅니다. 이들 자유들은 같은 보호를 누리지 못하고 있습니다. 낙태나 피임의 자유의 경우, 이것은 성적인 것이 아니라 오히려 출산과 관련이 있는 자유입니다.

사실 어쩌면 이것이 이 모든 이야기의 근원일지 모릅니다. 조금 전에 교수님이 한 이야기가 이해하기 꽤 어렵다는 것은 사실이지만, 저는 알 것 같군요. 요컨대 강간법이 제정된 시기에 성적 자유를 중요한 가치로 확립할 수 있었을 겁니다. 그러나 그것은 제가 여러분에게 방금 얘기한 것처럼, 우리에게 성관계를 가지도록 강요하는 사람들뿐만 아니라 **못하게 막는** 사람들도 '성범죄'를 저지른 것으로 간주할 수 있음을 추정하게 합니다. 결국 그것은 우리가 **성적 권리들**, 성관계를 요구할 수 있는 명백한 권리들을 가질 수 있다고 생각하도록 했을 겁니다. 그러나 아마 우리는 그것을 생각할 수 없었습니다. 교수님의 생각과는 반대로 저는 그것이 나쁜 의지에 의해서라는 점에 대해서는 확신할 수 없습니다. 성을 위험한 것, 위험성이 있는 것, 도덕적 · 위생적으로도 의심스러운(오늘날에 있어서도 마찬가지입니다) 것으로 생각하는 것에 익숙해진 문화는 우리가 성에 대해 명백한 권리를 가질 수 있다는 생각을 받아들이는 것이 힘들 수밖에 없음을 인정해야 합니다. 오늘날의 '부부간의 성적 의무'라는 개념을 억압의 절정으로 간주하는 것이 그 증거입니다. 그런데 바로 그것이 성적 권리라는 생각을 가장 닮은 것이었습니다."

그 남자의 말에 짜증이 나기 시작한 젊은 여성은 냉담하게 응수했다.

"그러니까 남편이 자신의 아내를 강간하는 건 아무 문제도 되지 않는다는 그 말이죠? 당신은 당신이 결혼했다고 해서 모든 권리를 다 갖는다고 생각하나 보죠? 중세적인 발상이라고 생각하지 않으세요?"

"아니, 제 말은 그게 아닙니다. 저도 원하지 않으면 성관계를 가지도록 강요할 수 없다는 당신의 말에 찬성합니다. 그러나 우리 사회에서 성이란 우리가 동의할 권리가 있는 그 무엇으로 생각할 수 있다면 괜찮을 거라고 생각합니다. 예를 들어 제가 성관계를 가지기로 약속했다면, 그리고 나서 더 이상 그러고 싶지 않다면, 글쎄요. 사람들은 일부 계약에서처럼 제가 약간의 손해배상과 함께 어떤 의무도 지지 않는다고 생각할 가능성이 많습니다. 요컨대 매춘의 경우와 마찬가지인 거죠. 우리는 매춘 여성이 매춘을 하면서 자신의 성적 자유를 사용한다고는 생각하지 않고, 자신의 성을 양도할 수 없는 것이라고, 즉 다른 사람에게 줄 수 없다고 생각하는 겁니다. 왜냐하면 자신의 성을 양도하는 것은 필연적으로 자신을 잃는 것이 되기 때문이지요. 그 때문에 우리는 매춘을 일종의 노예 제도라고 말합니다. 마치 자신의 성을 세놓는 것은 바로 자기 자신을 파는 것처럼 말이지요. 이렇게 비유해도 될지 모르겠지만, 성이 영혼의 장소가 된 것처럼 말입니다. 마치 성을 심장이나 간 같은 것이라고 생각했던 옛 철학자들의 방식으로 말이지요.

요컨대 조금 전에 교수님이 하셨던 이야기를 다시 한다면, 우리는 성 전체를 비합법적인 성, 혼외의 성으로 제한하는 것 같습니다. 따라서 성관계에 대한 동의는 권리를 열어 준다기보다는 오히려 처벌을 다시 미루게 되는 거지요. 게다가 성관계를 가지기 위해서는 특별한 동의가 필요하다고 생각하기 때문에 금지되는 성행위들이 많다는 것이 그 증거입니다. 성관계를 가지기 위해서 요구되는 동의는 예를 들어 버스를 타거나 빵을 사기 위해 요구되는 동의와 비교될 수 없습니다. 그것은 외과 수술이나 격렬한 스포츠에 요구되는 동의에 훨씬 가깝습니다. 마치 성이란 그 자체로 위험하고, 위협적인 활동이며, 그 활동을 하는 사람들은 항상 파멸할 우려가 있으며, 따라서 자신들이 하는 일에 대해 충분히 자각하고 있음을 확인해야 하는 것처럼 말입니다. 사람들은 정신지체아들이나 미성년자들처럼 삶에서 겪는 위험들의 정도를 평가할 수 없다고 생각할수록 더욱 그것들을 보호하려고 애쓰게 됩니다."

요약하자면 이 남자는 아주 흥미있는 이야기들을 했다. 여전히 사빈의 사건을 생각하며 다시 내가 발언했다.

"저도 당신이 한 얘기에 동감합니다. 성적 침해가 그것이 제 친구 사빈의 경우처럼 가벼운 것일 때도 육체적 폭력 행위보다 더 심한 처벌을 받으며, 때로는 일부 살인보다도 더 엄중한 처벌을 받는다는 점이 저는 신경 쓰입니다. 왜 성이 그렇게 중요해야 하는지, 왜 그것이 우리의 육체적인 생존과 뒤섞여야 하는 것인지 저로서는 이해되지 않아요."

그러나 그 젊은 여자가 그때 끼어들더니 아무리 그 방식이 사빈의 경우처럼 '부드러운' 것이라 해도, 개인적으로 자신은 강간당하느니 차라리 살해당해서 토막나고 프라이팬에 구워진 후 식인종에게 먹혀지는 쪽을 택하겠다고 말했다.

"아가씨, 그건 취미의 문제입니다"라고 파이프에 불을 붙이려고 애쓰며 나이 든 그 남자가 말했다.

젊은 여성은 그 지적이 무례하다고 생각했지만 우리를 설득해 보기 위해 남아 있기로 결심했다.

젊은 여성을 난처하게 한 것이 마음에 걸린 그는 부자연스럽게 말을 계속했지만, 우아함을 잃지는 않았다.

"좀 전에 발언한 젊은이들의 이야기가 민감하게 와닿는군요. 사실 일부 작가들이 성범죄란 사람들간의 침해라는 새로운 패러다임일 것이라고 가정했습니다. 이러한 질문들에 대해서 사람들이 꽤 많은 것들을 혼동하는 경향이 있기 때문에 제가 설명해 보도록 하겠습니다. 성범죄는 더 이상 강간법에만 국한되지 않으며, 무시당하는 성도덕에 근거하지 않기 때문에 제가 조금 전에 말한 것처럼 그 범죄는 피해자의 정신 현상, 피해자 내면의 그 무엇, 비밀의 영역에 대한 침해로 간주되어야 했습니다. 마치 정말로 영혼에 관한 문제인 것처럼 말이지요. 제 생각에는 튀젠 양, 당신이 제기한 문제에 대한 해답이 거기에 있다고 봅니다."

확실히 그가 하는 이야기는 설득력이 있는 것 같았다. 그러나 내가 한마디 할 여유도 주지 않고 말을 계속했다.

"도덕의 침해나 성적 자유의 침해가 아닌 정신적 침해로서의 성범죄가 미치는 영향력에 관한 그 문제는 그후 끔찍한 결과를 가져왔습니다. 뛰젠 양, 당신이 인용한 그 이야기에서도 잘 나타나듯이 피해자들에게 그들이 겪은 일을 밝히도록, 정신적으로 죽은 사람처럼 살도록 부추김으로써 초래하게 되는 손실들 때문만이 아니라 더 나쁜 결과를 가져왔다고 볼 수 있습니다. 왜냐하면 성범죄에서 그 형식을 빌려오는 일련의 새로운 범죄들이 나타났기 때문입니다. 따라서 예를 든다면 '정신적 희롱' 이라는 개념은 이단 종파들을 박해하기 위해 사용하는 '정신적 억압' 이라는 훨씬 모호한 개념과 같은 유형에서 변이된 것입니다. 그리고 성범죄의 경우에서와 마찬가지로 사람들의 '정신적 완전함' 을 보호하려고 애씁니다. 그래서 정신의학자들 · 심리학자들 · 정신분석가들을 소집하는 것이죠. 그 목적은 범죄의 영향력을 진단함과 동시에 범죄자들과 마찬가지로 피해자들도 치료하기 위해서입니다. 저는 이러한 식의 대처를 함으로써 우리 사회가 일종의 마녀 사냥이나, 구체제 시절처럼 정신의 통치에 나서게 된다고 봅니다. 우리는 가장 기본적인 우리의 공화국 원리들을 뒤죽박죽으로 만드는 중이며, 이 모든 것은 피해자들의 파괴된 정신의 보호에 경의를 표하는 일이지요……."

솔직히 말하면 아무도 이 이야기에 흥미를 가지는 것 같지 않았는데, 모두들 강간에 대한 논쟁이 다른 것으로 넘어가는 것을 원하지 않았기 때문이다. 조금 전에 아주 흥미로운 이야기를 했던 젊은 남자가 보내는 강한 미소에도 불구하고 점점 더 평정을 유지하기가 힘들어 보이는 그 젊은 여성이 교수의 말을 가로막았다.

"어쨌거나 당신의 그 이론들에는 아주 간단한 것이 빠진 것 같은데요. 지배력, 다시 말해 불평등의 크기 말이에요. 이 이야기에서의 문제점은 바로 남성들과 여성들 사이 지배력의 관계입니다. 그러나 그 문제는 소장 철학자들의 관심을 그렇게 많이 끌지는 못한 것 같군요"라고 그녀는 마치 자신의 지적이 아무도 겨냥하지 않는다는 것처럼 창문 저 너머를 쳐다보며 덧붙였다.

"아! 그래요……. 제가 이야기했던 것은……." 노교수가 불평하며 마지막으로 한번 더 설명했다. 그러나 그때부터는 더 이상 아무도 그의 얘기를 들을 마음이 없는 것 같았다. 여성들의 입장을 옹호하던 매력적인 여성과 함께 모임 장소를 떠나겠다는 희망을 아직도 완전히 버리지 않은 조금 전의 젊은 남자는 그녀의 신랄한 지적에도 아랑곳 않고 마지막으로 자신의 지성으로 그녀의 마음을 사로잡기 원하며, 이번에는 그가 교수의 말을 가로막았다.

"왜 성이 남성들이 여성들에게 행사하는 지배의 상징으로 여겨져야 하는지 모르겠습니다. 저는 그런 생각은 성에도, 성적 쾌락에도, 또한 여성들에게도 좋지 않다고 생각합니다. 저는 그러한 생각이 소위 그녀들의 해방을 위한 투쟁을 실패로 몰아간다고 말하겠습니다."

“아 그러세요……”라고 그 젊은 여성은 발로 바닥을 두드리며 조롱하듯이 말했다.

아마도 조금 전의 고통스러웠던 기억을 숨기려고 애쓰며, 젊은 남자는 불안한 기색으로 계속했다.

“그렇습니다. 성을 지배하는 것, 이기는 것 또는 지는 것으로 만드는 것, 한마디로 성들간의 전쟁이 벌어지는 무대는 제가 보기에 성적 자유라는 생각과 상반되는 것 같습니다. 이러한 관점에서 우리는 사실상 그 상징적 의미를 에로티시즘의 이데올로기적 해석이 될 수 있는 지배력의 관계로 변형시키게 됩니다. 성관계하는 방식과 남성들과 여성들 간의(또한 남성들간의, 그리고 여성들간 역시) 지배력의 관계 사이에 어떤 관련성이 있는 건 확실합니다. 그러나 제 생각에는 이러한 불평등은 다른 모든 관계들, 우정이나 이웃 관계, 업무상 관계, 가족 관계 등에도 존재하는 것 같습니다. 그런데 왜 굳이 성에 고정시키는지 이해되지 않는군요. 다른 한편으로는 에로티시즘과 사람들 간의 지배력 관계 사이에 어떤 자율성이 있을 수 있다고 생각합니다. 저는 심지어 성에 대한 상연의 자유를 보호해야 한다고 믿으며, 또한 이것은 환상에 관계된다는 것과 지배적 관계를 연출하며 성 문제에 관심을 집중시키는 이들은 사실상 사람들에게 성적으로 올바르고, 사회적으로 해가 되지 않게 하려면 어떻게 행동해야 하는가를 말하고 싶어하는 것임을 잊지 말아야 한다고 생각합니다. 그것은 어떻게 보면 그들의 환상을 교화시키는 것으로 귀착됩니다. 무엇보다도 한 성의 다른 성에 대한 지배에 반대하는 투쟁은 정확히 말해 제가 생각하기에는 전혀 효과가 없는 것 같습니다."

개인적으로 나는 그의 의견에 공감하며, 그의 관점이 아주 흥미롭다고 생각했다.

"그보다는 남성들과 여성들 사이의 지배력 재분배라는 현실적인 문제에 치중하는 편이 더 낫습니다. 그러나 이 경우는 상식을 벗어난 방식으로, 두 성간의 차이점을 정치적 단체를 이루는 일종의 구성 요소로 만들었던 평등의 재분배의 경우와는 다르게 이루어져야 합니다. 반대로 성간의 차별이 점점 줄어들도록 애쓰고, 여성들이 자립하도록 격려하며 자립을 방해하지 않도록 노력해야 할 것입니다. 그리고 만일 남성 우위라는 상징적인 표현을 수정하기를 원하면 성은 그대로 내버려두고, 여성들의 주체화의 형태에 더욱더 치중해야 한다고 생각합니다. 일반적으로 여성들은 남성들에 비해 자기 자신을 낮게 평가하는데, 그것은 성과는 아무런 관련이 없습니다. 눈물을 쥐어짜고 복수심 많은 페미니스트들이 하는 식으로 착취에 약한 주체들을 보호해서는 안 되며, 오히려 남자들에 비해 자신들의 가치가 낮다고 생각하지 않는, 더 강한 주체들을 만들어 내는 데 기여해야 합니다. 그러나 이러한 투쟁들이 법과 판사들, 경찰의 검을 경유해서는 안 됩니다. 그 투쟁들은 오히려 문화적 정책들에 포함되어야 할 것입니다. 성은 이 문제에서 부차적인 것입니다. 성에 치중하는 것, 그것은 바로 목표를 혼동하는 것일 뿐 다른 무엇도 아닙니다."

이 모든 말을 들으며 젊은 여성은 매료되기는커녕 말 그대로 폭발해 버렸다.

"당신은 정말이지 아무 말이나 지껄이는군요!? 우리가 물건처럼 다루어진다는 것을 이해 못하나요? 그리고 성이 바로 우리를 그렇게 만든다구요. 왜냐하면 우리를 쳐다보기만 해도 당신들은 우리와 자고 싶어하니까, 나이는 상관없어요. 왜냐하면 당신도 아시다시피 사방에 있는 성도착자들에게 80대의 노인도 강간당하는 상황이니까요. 남자들은 집이나 바깥이나 우리들이 있는 곳이면 어디서든 우리들을 성적으로 착취하려고 들죠. 마치 우리가 발정한 암컷인 양 그들이 우리 뒤를 쫓아다니기 때문에 우리는 일할 수도, 공부할 수도 없어요. 만약 그들의 수작을 거절하면 그들은 우리를 때리고 죽이기도 하지요……. 이 나라에서 매 몇 분마다인지는 모르겠지만 여성이 남편이나 동거인, 그리고 고용주나 논문 지도교수에게 살해당하고 있어요. 부시 정부가 개입하기 전 카불의 경우는 더욱 심했어요……. 그러나 텔레비전에서는 아무도 이런 얘기를 하지 않아요! 얼마 전부터 안전이 우파만의 문제가 아니라는 것을 깨달은 좌파에서도 이 집단 학살에 대한 투쟁을 시작했죠……. 하지만 불행하게도 좌파는 선거에서 졌어요. 왜인지 아세요? 왜냐하면 이 나라에서는 여성들의 학대에 관한 이야기를 듣고 싶어하지 않으니까요……."

그녀는 눈물 때문에 목이 메이기 시작했고, 나는 대비책으로 24시간 긴급 출동 의료진에 전화를 하여야 했다. 사실 나는 위험이나 그 비슷한 상황에 처한 여성의 구조를 태만히 한 죄가 지난번 입법부의 혁명적인 열정 속에 만들어지지 않았는지 확신하지 못했다.

구급차가 그녀를 응급실로 옮기는 동안 그녀는 겨우 들릴 만한 목소리로 내게 말했다.

"당신도 여자면서 어떻게 남성 지배자의 그같은 거짓말들에 대응하지 않는 거죠? 어떻게 당신은 그들의 선전원이 될 수 있는 거예요? 어떻게, 어떻게?"

서둘러 모임에 돌아가고 싶었기 때문에 나는 그녀와 토론하려고 애쓰지 않았다. 내가 도착했을 때 다행히도 그 젊은 남자는 떠나지 않고 남아 있었다. 그는 구석에 있었는데, 그녀를 사로잡으려던 자신의 노력이 실패한 것에 아주 화가 나 있었다. 그를 위로해 준다는 핑계로 나는 그에게 다가갔다. 왜냐하면 나는 그에게 고백해야 하기 때문이었다. 그가 나보다 훨씬 젊어 보이기는 했지만, 아주 빨리 그를 사랑하게 됐다고 말이다. 여성들의 입장을 실신할 정도로 옹호한 아름다운 그 과격한 여성 혁명 운동가를 의사들이 실어가는 동안 나는 조그맣게 웃으며 생각했다. "이거야말로 페미니즘의 좋은 점이 아니겠어. 남자들이 언제나 여자들보다 더 나이가 많아야 한다고 생각하는 것이야말로 혐오스러운 가부장적 선입관이니까?"

사실상 고모에게는 이 문제가 예정 의제가 아닐 거라고 생각하지만, 고모가 내 이야기를 들었다면 분명 기뻐하셨을 것이다. 즉 젊든 나이가 들었든 간에 모든 사람들은 방탕하며, 억압은 분명히 나이의 문제를 넘어서는 것이며, 따라서 부자고 유명한 여자가 자신보다 스무 살이나 어린 가난한 남자를 선택한다고 해서 덜 착취당하지는 않을 것이며, 성이 다른 모든 이들을 굴복시키는 기준이 된다는 것이다. 고모가 그 순간에 말을 할 수 있었다면 나와 같은 식으로 말했을 거라고 생각한다.

그리고 나서 나는 몇 달 뒤에 남편이 될 그 사람과 함께 집으로 돌아왔다. 우리는 마침내 우리가 만나게 된 것을 아주 행복하게 여겼다. 어쨌든 나는 옛 경쟁자에게 착한 생각을 했었다. 난 그녀가 병원에서 성추행의 피해자가 되지 않기를, 그리고 그녀가 잠자는 동안은 더더욱 그런 일이 일어나지 않기를 진심으로 바랐다.

7

아동 성추행 사건

모든 면에서 견디기 힘들었던 그날 파티가 끝난 후, 나는 친한 친구인 에르미니 L.의 전화를 받고서 모처럼 기뻤다. 그녀와는 몇 달 전부터, 그러니까 내가 조사를 시작하기 훨씬 전부터 소식이 끊겼었다. 그녀는 정말로 훌륭한 여성이며, 내가 아는 사람들 가운데 그 누구와도 닮지 않았다. 그녀는 어머니의 절친한 친구분의 맏딸로 나보다 몇 살이 많았다. 또한 예쁘고 키도 크며, 그랑제콜〔대학과 쌍벽을 이루는 고급 전문인 양성을 위한 고등 교육 기관의 총칭으로 입학 시험을 치러 학생을 선발하는 것이 특징〕을 나왔고 아주 오래전에 잊혀진, 사어(死語)로 씌어진 대단히 귀중한 원문들을 번역했을 뿐만 아니라(그녀는 가장 뛰어난 수메르어 여성 전문가들 중의 한 명이다) 진정한 혁명가였다(사실 당시의 사람들은 모두 어느 정도 그런 경향을 띠고 있었다). 따라서 그러한 활동들과 함께 그녀는 자신이 그 누구보다도 더 훌륭하다고 뽐낼 만했다. 소르본에서 있었던 집회에서 그녀는 조금도 머뭇거리지 않고 그곳에 모인 사람들에게 중국의 문화대혁명 동안 저질러진 잔학 행위들을 칭찬하는 선언문을 작성하고, 심지어는 아름다운 그 대중적 행동들에 경의를 표하기 위한 노래도 만들자고 요구했다 한다. 그후 그녀는 여성으로서의 진정한 행복을 누렸다. 그리고 다른 승리들을 일구어 내기 위해 그녀가 일해야 할 시간이 왔다. 사어들의 연구는 그녀만큼 세상에 이바지할 것이 없는 석학들이나 사람들에게 맡겨야 했다. 정치에 관해서 그녀는 그녀 세대의 잘못을 꽤 빨리 이해했다. 즉 그들은 살아 있는 신들의 찬미자들이었고, 인민들은 혁명을 원하지 않았으며, 무엇보다도 인권을 강요해야 했다는 점이다. 가치 있는 것, 그건 바로 인간이었다. 그러나 당시 그들은 그 점을 깨닫지 못했다. 이제 깨진 화분을 손봐야 했다. 요컨대 그녀의 지혜를 공익을 위해 활용할 때가 되었다는 것이다.

그녀가 내가 하는 조사에 아주 흥미있어 한다는 것을 확인한 나는 우쭐했다. 왜냐하면 그녀는 대개 내 이야기에 그다지 중요성을 부여하지 않기 때문이었다. 약간은 의외였는데, 그녀는 내게 걱정거리가 많다고, 특히 갓 열여덟 살이 된 맏아들인 로제와의 문제가 심각하다고 말했다. 혹시나 가슴 아픈 이야기를 듣게 될까봐 나는 감히 그녀에게 로제와 어떤 일이 있었는지 묻지 못했다. 그러나 그녀는 이내 내가 이야기한 전날의 파티와 성범죄에 대한 나의 결론들로 넘어갔다.

"그러니까 네 논리를 내가 제대로 이해한 게 맞는다면, 그러한 종류의 범죄에서는 모든 성별 기준을 없애야 할 거야. 왜냐하면 그 개념은 어떻게 보면, 공화국 가치들의 무덤이 될 테니까 말이야…….”

그녀가 조롱하는 듯한 어조로 말했다는 것을 고백해야겠다. 나는 기분이 약간 상했다. 확실히 그녀는 항상 나보다 더 똑똑했으며, 끊임없이 내게 그 사실을 상기시켜 주는 것을 좋아했다.

“에르미니, 아니야, 사실 나는 확신 못하고 있어. 방금 말했지만, 금요일 파티에서 나비 넥타이를 맨 그 나이 지긋한 교수가 말한 개혁을 위한 계획이 요컨대 뭐냐구. 난 그이와 나중에 그것에 대해 이야기를 나누었는데 그 덕분에 다른 결론을 내리게 됐어. 나는, 아니 우리는 성적 침해를 재산 침해와 같은 범주에 포함시키고, 그 중에서도 특히 절도의 상황과 같이 생각해야 한다고 믿어.”

내 연인은 사실 내게 절도에는 여러 가지 유형이 있으며, 때로는 그것이 경범죄일 수 있고, 때로는 중죄로 결정이 날 수 있다고, 그리고 그 결정은 특히 절도범이 나쁜 짓을 저지르는 데 폭력을 사용했느냐 아니냐에 따라 좌우된다는 것을 상기시켜 주었다.

“하지만 그렇게 되면 여성들이 자신들은 동의하지 않았다는 사실을 증명하기 위해 죽을 때까지 싸워야 하는 이전의 제도와 마찬가지가 돼버리잖니…….”

“아니야, 전혀 그렇지 않아. 새로운 강간법 제정을 위해서 절도의 경우를 그 본보기로 생각하는 이유는 바로 동의만을 범죄의 주요한 증거로 채택하기 위한 거야. 사실 절도의 다양한 방법에 대한 결의법〔決疑法: 보편적인 도덕 법칙을 개개의 행위와 양심 문제에 적용하는 법. 일종의 판례법으로 볼 수 있다]으로 미루어 볼 때 절도에는 동의가 있을 수 없어. 이 점이 육체적 폭력(예를 들면 생명의 위협 같은)의 결과에서 나오는 동의의 부재와 함구에 의한 동의(그렇게 말할 수 있다면 말이야. 예를 들면 잠잘 때나 집에 아무도 없을 때, 또는 본인이 알아차리지 못하게 누군가의 물건을 훔칠 때처럼 말이지)를 분명하게 구분할 수 있게 해줘. 누군가가 네 물건을 훔쳐 갔다는 것을 나중에야 네가 알아차렸을 때, 비록 그 사람이 네 동의 없이 그것을 '빌려 갔고' 가져갔을 때처럼 몰래 도로 가져다 놓았다 해도 고소할 수 있다는 사실을 알고 있니. 따라서 알겠어? 모든 문제는 다른 사람이 네 물건을 가져갔다는 사실에 네가 동의했느냐 그렇지 않느냐를 아는 데 있는 거야. 그리고 네가 동의하지 않았다는 것을 증명하기 위해 온몸이 상처로 뒤덮일 필요는 없어. 물론 폭력 행위나 폭력의 위협이 있었느냐 없었느냐에 따라 처벌은 달라져. 현 제도에서는 사람에게 따라붙는 성(이것이 그 사람의 본질, 심장이라고 생각하지)에 대한 생각 때문에 모든 것이 혼동되는 거야. 성을 재산으로 생각함으로써 얻는 이득은 그것을 그 사람의 외적인 요소로 생각하게 해준다는 거지. 즉 그것은 더 이상 우리 영혼과 모든 것의 가장 비밀스러운 깊은 곳까지 숨겨진 정신적이고 초인간적인 것이 아니라는 거야. 재산이 완벽하게 보호받지 못하기 때문은 아니야. 지금으로선 최소한 그렇게밖에 말할 수가 없어. 확실히 우리의 법에서 재산보다 더 잘 보호받는 것은 아무것도 없어. 따라서 성을 재산으로 생각하는 것은 그 침해란 것을, 즉 다른 이의 육체를 본인의 동의 없이 성적인 목적으로 이용하는 것으로 정의 내리게 해줘. 우리는 성적인 목적이란 더 넓은 의미의 범죄, 다른 사람의 육체를 그의 허락 없이 사용하는 범죄의 특수한 경우에 해당되어야 한다고 믿고 있어. 그런 생각은 동시에 매춘의 사회적 위치를 분명하게 해준다는 장점이 있어. 즉 우리는 자신의 성이나 성적 육체를 세놓을 수 있으며, 성적 서비스를 물건과 같은 것으로 생각하는 사람들 사이에 합의를 체결할 수도 있다는 거지. 유일하게 중요한 것은 동의야. 왜냐하면 아무리 더 이상 네게 부부간의 성적 의무를 다하도록 강요할 수 없다고 해도, 남편과 잠자리를 같이하지 않았다는 사실은 이혼의 경우 과실이 될 수 있기 때문이야. 결혼도 어떤 의미에서는 자신의 성을 거래할 수 있음을 예측하게 해줘. 그러나 이러한 상황도 오래가지 않을 게 확실해. 그러한 과실로 인한 이혼이 없어질 때, 그 모든 것도 끝나게 될 거야. 그렇게 되는 것도 괜찮을 거라고 생각해. 모든 성을 비상업화하는 대신에, 그 반대로 상대방이 동의하는 한에서 아무 걱정 없이 협상할 수 있는 다른 것들 가운데 하나로 간주하는 편이 나을 것이라는 거야."

"넌 점점 더 자유주의자가 되어가는 것 같구나. 넌 무지막지한 자본주의를 옹호하고 있어. 정확하게 말하자면 미국식 자본주의 말이야. 왜냐하면 스웨덴 사람들이나 일본 사람들도 그렇게까지는 생각지 않으니까. 성은 결코 재산 같은 것으로 깎아내릴 수 없을 거야. 왜냐하면 그건 우리의 본질 자체이기 때문이고, 특히 우리 여성들에게 있어서는 더욱 그러하기 때문이야."

"아니야. 재산이야말로 사람들과 관련이 있는 많은 재화들보다도 훨씬 더 완벽하게 보호받는다는 장점을 네가 이해 못하고 있는 거야. 그리고 무엇보다도 그렇게 생각함으로써 얻을 수 있는 중요한 이점은 성을 터무니없는 것으로 만드는 것이 아니라 지금보다 훨씬 더 평범한 것으로 만든다는 점이야. 성적 침해는 더 이상 한 인간에게 일어날 수 있는 가장 나쁜 일이 아니라 일종의 강탈로 여겨질 거야. 물론 여기에는 그것에 동반하는 행동들의 심각성에 따라 생각할 수 있는 모든 죄들도 포함될 거야. 따라서 예를 들면 만약 누군가가 너를 때릴 경우……."

그녀는 내가 말을 끝내도록 내버려두지 않았으며, 갑자기 말을 가로막았다.

"내 생각에 너와 네 연하 애인은 말도 안 되는 소리를 하고 있어. 넌 군신(君臣) 관계로 돌아가자고 말하고 있어. 단세포적이고, 자신이 사회적인 세상에 살고 있음을 이해하지 못하고, 자신에게는 모든 것이 허락된다고 믿으며, 개인주의와 일탈을 장려하고, 특히 자신의 육체와 분리될 수 있다고 믿는 아주 단순한 인간으로 말이야."

"하지만 에르미니, 난 이해가 안 돼. 예전에 네가 인권의 의미를 되찾아야 한다고, 그 기본 원칙에 따라 모든 정치적 질서를 다시 확립해야 한다고 말했었잖아. 그런데 네가 말한 것처럼 재산이 프랑스 제1공화국의 표어가 될 뻔했다는 점을 제외하면 내게는 인권의 원칙이란, 정확하게 말해서 각자를 법의 주체임을 인정하고, 이는 또한 법의 다른 주체들을 향한 상호적 의무를 갖게 한다고 생각하는데…….”

“용감한 루이즈, 너의 그 미국적인 당치도 않은 생각을 고치기 위해 네 법학 교수들이 읽으라고 권했어야 했던 작가의 책을 읽어보라고 하고 싶어. 그 책은 너네가 지금 가스 공장을 건설하는 것과 같은 상황에 있다는 것을 이해하게 해줄 거야. 그 작가의 이름은 피에르 르장드르인데, 사실 네 교양이 부족하다는 점을 고려하면 네가 이해할 수 있을지 확신이 안 가. 그래서 말인데 최소한 《에스프리》라는 잡지는 읽어보도록 해. 이 잡지는 너같이 단순한 사람들을 위해 그 위대한 사람의 사상을 대중화한 거니까. 하긴 네가 잘 아는 것은 동물들에 대해서일 뿐이지. 그러니까 피에르 르장드르는 인간은 말하는 동물이라고 말했어. 그 점이 바로 인간과 동물의 가장 큰 차이점이지. 중요한 건 너의 명목상의 권리들이 아니라 바로 우리 안에 있는 동물성의 구체적인 인간화야. 권리는 바로 그런 것을 위해 사용되는 거지, 언제나 더 많은 정의가 요구되는 사회적 관계를 조직하는 데 쓰이는 게 아니란 말이야. 그렇지 않을 경우 권리는 문명을 끝내고 싶어하는 이들이나 동성애자들, 성전환자들, 동물 애호가들, 유로화 지지자들처럼 소위 평등의 이름으로 모든 것을 부수고 황폐화하고 싶어하는 이들의 편에 서게 될 거야. 권리는 사실상 우리를 말하는 동물이 되게 하는 데 이용되고 있어. 사실 우리가 말할 수 있으려면 우리의 동물성은 거세되어야 해. 그런데 거세를 허락해 주는 건 무엇일까? 바로 법이야,

대문자 L로 시작하는 그 법이란 말이야. 따라서 우리가 무엇인가를 다른 사람들과 평등하게 얻기 위해서 그 법질서에 순응하는 대신에 법을 이용하게 되면 무슨 일이 일어날까. 그때는 모든 것이 끝나 버리는 거야."

나는 이 말하는 동물 이야기를 통해 그녀가 얘기하고자 하는 것이 무엇인지를 이해하지 못했다. 다시 내 약점에 관해 비꼬는 것이라고 생각했다. 왜냐하면 에르미니는 내가 오갈 데 없는 세 마리 앵무새를 키우는 것을 잘 알고 있었기 때문이다. 하지만 그녀가 너무 공격적이 되었기 때문에 나는 주제를 바꾸기로 결심했다. 그녀에게 로제는 잘 지내느냐고 물었는데, 그에 대해 무슨 걱정이 있는 듯했다.

오랫동안 보지 못한 그 애에게 무슨 큰 병이나 그보다 더 나쁜 일이 일어난 게 아닐까 염려스러웠다. 어쨌든 에르미니의 목소리는 매우 떨렸다.

"너도 알다시피 로제는 아주 모범생이야. 반에서 항상 최고였어. 그리고 그 애 또래의 아주 예쁜 여자친구도 있고 사이도 매우 좋았어. 내가 사이가 '좋았어' 라고 과거로 말한 데는 이유가 있어. 올해초에 수학 선생이 로제의 고등학교에 새로 부임했어. 대략 서른 살쯤 됐는데, 얼마 동안 둘이서 사귄 거야. 그러나 그후 그 선생은 더 이상 우리 애를 원하지 않았고, 헌 양말 버리듯 그 애를 버렸지. 로제는 아주 의기소침해졌고, 자살시도도 여러 번 했는데 다행히 성공하진 못했어.

어떻게 해야 할지 몰라서 나는 성적 침해(우리 애는 열여덟 살

미만의 미성년자였고 그녀는 교육자니까)와 확실히 기억은 나지 않지만, 부모의 권위 사취와 미성년 성매수죄 같은 걸로 고소하기로 결심했어. 변호사는 무슨 죄명이었는지 알고 있어."

"하지만 에르미니, 어떻게 그렇게 할 수가 있지? 널 이해할 수가 없어. 네 아들이 절망했을 텐데……."

"그렇게 심각하진 않았어. 시간이 좀 지나니까 그 애도 자신이 실연의 아픔이 아닌, 성학대의 피해자였다는 사실을 이해하기 시작했거든. 그러나 미성년자가 쾌락을 느낄 때, 그때는 더욱 심각한 상황이 돼버리지. 왜냐하면 그럴 경우 미성년자는 그 자신도 죄를 지었다고 생각하기 때문이야."

"하지만, 로제는 애가 아니야. 그렇게 할 수 없……."

"루이즈, 너의 편견을 이해해. 전에는 나도 너 같았으니까. 나도 믿지 않았어. 우리 모두는 68 혁명이라는 바보짓거리의 희생자들인 거야. 너와 네 세대가 변할 때가 됐어. 난 내가 항상 모든 문제에 대해 깊이 생각해 왔다고 믿었는데, 나 자신이 어머니가 되었을 때 얼마나 우리가 아동 성추행에 대해 가볍게 생각해 왔는지 알게 됐어. 나는 우리가 성적 약탈자들을 위한 야만적인 세계에 살고 있다는 것을 깨닫게 된 거야. 언젠가 네게 이런 일이 일어나면 너도 알게 될 거야. 너 역시 나처럼 행동할 거야."

전화기 너머 그녀는 소리를 억누르며 울기 시작했다.

"말해 봐, 그 여자의 행동에서 어떤 점이 그렇게 나쁘다는 거야? 네게도 사랑했던 사람을 떠나 본 경험이 있을 거라고 생각하는데."

"왜 사람들이 너보고 말이 안 통한다고 말하는지 이제 알겠어. 문제는 결별도 사랑도 아니야, 바로 나이의 차이라구. 그 여자는 성인이고, 우리 애는 미성년자야. 그런 식으로 세대를 섞을 순 없다는 말이야. 그렇지 않고선 미성년자는 자신의 모든 상징적인 지표들을 잃게 되고, 더 이상 자라지도 못하고 아주 빠르게 시들어 버리게 돼."

"하지만 만일 로제에게는 그것이 훨씬 행복한 경험이었다면, 그 애는 그 젊은 여선생에 대해 감사하게 생각할 텐데. 그녀는 그 애에게 많은 것들을 가르쳐 줬을 거야. 내 생각에는 말이야……."

"네게 그 상징적 지표들을 주려면 확실히 널 가둬야겠어. 넌 마치 법이 존재하지 않는 것처럼, 마치 우리가 아직도 원시 유목군 시대에 살고 있는 것처럼 말하는구나. 성인의 성과 미성년자의 성을 뒤섞을 순 없어. 왜냐하면 미성년자들은 그들끼리 그들만의 경험을 해야 하기 때문이야. 그렇지 않고는 그들이 동등한 상태에 있지 않기 때문에, 틀림없이 한쪽이 다른 한쪽을 지배하게 돼 있어. 그리고 성적 지배에서 지배자, 즉 성을 남용한 주모자가 손가락질받고 처벌을 받아야 지배당하는 쪽이 그 경험에서 빠져나올 수 있어. 그리고 그건 또한 성인인 지배하는 쪽에게도 유용하다고 볼 수 있는데, 왜냐하면 그 상황이 그에게 자신이 누구이며, 늙어간다는 것을 받아들여야 한다는 것을 상기시켜 주기 때문이지. 법은 이런 식으로 그 진정한 사명을 이루어 나가는 거야. 불쌍한 내 아들의 영혼이나 방황하는 그 여자의 영혼처럼 죄를 짓거나 아픈 영혼들을 치료해 주는 사명 말이야, 알겠어? 이런 종류의 교훈들이 피에르 르장드르의 책에서 도출되고 있어, 거의 수학적이야. 어쨌든 머리를 쥐어짤 필요는 없어. 그의 책이 모든 의문에 대한 해답을 주고 있으니까."

"하지만 네 아들은 그 일이 있었을 때 거의 열일곱 살이었잖아, 선택의 가능성 없이 학대받은 어린애가 아니었단 말이야. 그 애는 선택할 수가 있었어."

"꼭 그렇다고 볼 수도 없어. 그렇기 때문에 법이 있는 거 아니니. 만일 우리 애가 그 여자와 자는 것을 받아들이지 않았다면, 손해 가는 일이 생겼을지 알게 뭐니. 예를 들면 수학 시험에 낙제한다든지 말이야. 이유는 많아. 그 여자는 교사직을 그만두어야 해. 그리고 가능하다면 올바른 생각들을 갖도록 감옥에도 보내고, 정신과 치료도 받게 해야 해."

"네가 좀 지나치다고 생각하지 않아?"

"바로 그거야. 성을 남용한 주도자가 여자기 때문에 네가 그렇게 생각하는 거야. 만약 그게 남자였다면 어떨까? 그럴 경우 너 역시 그 사람이 감옥에 가기를 원할걸. 프랑스는 공화국이야. 따라서 여성들도 남성들과 똑같이 벌을 받아야 해. 요컨대 그녀들 역시 말하는 동물들이며, 무의식을 가지고 있기 때문에 법을 따르도록 되어 있어. 그게 바로 진정한 성평등이야."

"근데 로제가 자살을 시도한 이유가 자신도 모르는 새 성적으로 학대받았기 때문이라고 생각하는 거야?"

"그럼, 뭐 때문이야? 그 애가 그렇게 나이 많은 여자와, 다른 세대의 여자와 사랑에 빠질 수 있다고 생각해? 그 여자가 그 애한테 휘두르는 힘이 그런 환상을 심어 줬을 뿐이야. 그런 상황에서 벗어나게 되면, 그 애도 그 사실을 빨리 깨닫게 될 거야."

나는 이 대화를 그만두고 직접 로제(난 그 애를 어릴 때부터 봐왔다)에게 전화해서 정확하게 무슨 일이 있었는지, 그리고 내가 도와 줄 일은 없는지 알아보기로 했다.

그가 내게 이야기한 바에 따르면, 아름다운 상드라와 그의 관계를 알자마자 에르미니는 완전히 미쳐 버렸다고 한다. 그녀는 그들을 괴롭혔고, 학교 교장에게 따졌으며, 그들을 고소했다. 로제와 그의 여자친구는 헤어진 척하기로 결정했지만 그녀는 자기 생각을 굽히지 않았고, 고소를 취하하려 하지 않았다. 상드라는 교육부에서 이미 정직 처분을 받았다. 여러 학부형들이 정규적으로 그녀의 집 앞에서 '아동 성추행' '아동 강간범' '성학대자' '창녀' '갈보' '침묵의 법을 깨자' 라고 적힌 플래카드를 들고 시위했다.

그 이야기에 나는 너무나 큰 충격을 받았으며, 로제의 부탁에 다시 한번 더 에르미니를 설득해 보기로 했다. 그러자 그녀는 내가 자기의 아들을 나쁘게 만들려 한다며 나를 비난했다. 너무나 상스럽게 그녀는 내게 물었다. "네 연하 애인은 몇 살이랬지?"

그리고 나서 내게 사과하기 위해 보낸 편지에서 그녀는 강간

에 대한 증언들로 된 책에서 뽑은 한 문장을 인용했다,

"아이를 키우려면 수년이 필요하지만, 당신이 그 아이를 파괴하는 것은 순식간이다."

그동안 그녀는 새 정부에 의해 청소년 범죄에 관한 보고서를 작성하도록 지명받았다. 당국의 발표에 따르면 그녀는 가장 완벽하고, 가장 통찰적인(또한 가장 명백한) 조사를 했다. 모든 신문사, 라디오 방송국, 텔레비전 채널에서 그녀를 인터뷰했다. 그녀의 보고서는 출판되었고 큰 성공을 거두었다. 이제 그녀는 새롭게 창설될 예정인 '국가의 권위와 상징적 질서' 부(아동, 가족부의 관할에 속하게 될 것이다)를 이끌어 줄 것을 제의받았다. 사실상 그녀는 새 정부와 함께 그전에 나약하게 시작되었던 그 일을 계속하고 싶어했다. 즉 1968년 5월에 시작된 해체의 과정 이후 상징적인 지표들을 잃어버린 것 같은 구성원들에게 그것을 다시 주는 일이었다. 이들 지표들의 숨은 의미가 다른 그 무엇도 아닌 집단적인 어리석음일 뿐인 한, 내 친구의 말에 의하면 정부의 변화들은 그녀와 같은 책임감 있는 지식인들이 공공의 행동에 참여하는 것을 막아서는 안 된다고 한다. 이것이 바로 그녀가 정부를 위해 준비한 그 유명한 보고서에서 열심히 강조한 내용이었다.

그러나 가장 인상적인 일은 틀림없이 요즘 그녀가 개인의 권리, 인권, '사유 재산' 과 시장에 근거하고 인류의 사실상의 적이 돼버린 진부하고 이기적인 이데올로기를 전달하는 범주들이라는 낡아빠진 개념을 해결하기 위해 한 연구팀과 준비중인

작업이다. 광기 · 짐승화 · 잔인함, 요컨대 현대의 문제점들이 증가하는 것에 저항하기 위해서 지금부터는 인권 선언을 상징적 질서의 선언문 같은 것으로, 그리고 헌법재판소를 인류 수호자들의 고등 법정으로 대체해야 한다. 모든 사법 기구를 개혁해야 할 것이다. 즉 판사들은 더 이상 자유의 수호자들이 아니라 문화를 지키는 경찰, 신중한 치료사들이 되어야 하며, 그들에게 인류학과 정신의학에 관한 교육을 받도록 해야 할 것이다. 그렇게 에르미니는 전도된 시에예스〔프랑스의 정치가, 헌법 이론가. 주요 저서로 《제3신분이란 무엇인가》 등이 있다〕 같은 사람으로, 정부의 행운, 프랑스의 자랑이 되었으며, 예전처럼 다시 이 땅 전체에 그녀의 위대함을 보여줄 준비가 돼 있다.

8

오르키데의 고백

지난주 아버지를 보러 간 나는 새어머니가 이집트식 소파에 앉아 카트린 밀레의 《카트린 밀레의 성생활》을 몰두해서 읽고 있는 것을 보았다. 나는 독서에 쉽게 싫증을 내기 때문에 책을 끝까지 읽으려면 아주 힘이 든다. 새어머니에게 그 책에 대해 어떻게 생각하는지 물었다. 이 책에 대한 사람들의 모든 혐오스러운 반응들에 대해 그녀가 알고 있는지 알고 싶었다. 나는 사람들이 그 책의 작가를 두고 포르노그래피를 더욱 비천한 것으로 묘사했다며 비난한 것을 읽었었다. 그 책에서 여성은 언제라도 사용 가능한 것으로, 사람들이 자신의 육체를 어떻게 다루어도 무관심한 것으로 나타난다. 요컨대 이 책은 어떻게 보면 욕망 없는 성행위를 강요하는 새로운 규범화의 기원이 될 것이다. 또한 어떤 관계가 가지는 특성을 취소하거나 비난하게 될, 아주 폭력적인 모형을 강요하게 될 것이다.

이 이야기들에 새어머니는 그제서야 겨우 머리를 돌리고 너무나 무관심하게 나를 쳐다봤다.

"그 바보 같은 소리는 대체 어디서 들은 거냐? 가끔 나는 네가 어떻게 그런 이야기들에 관심을 갖는지 이해가 안 가는구나." 그리곤 당황한 모습으로 무기력하게 덧붙였다. "이 세상이 어떻게 돌아가는지 더 이상 모르겠구나, 더 이상 아무것도 모르겠어……."

그녀는 나에게 멋진 이집트식 소파와 아주 대조가 되는 등 없는 작은 의자에 앉으라고 권했다. 새어머니는 나에 대해 어떤 개인적인 경멸 같은 것을 갖고 있기 때문에 보통 때는 이러한 태도를 취하지 않는다. 그 이유를 그녀는 자신이 일종의 경이로운 존재이며, 다른 사람들이 그녀의 그 위대함에 적응해야 한다고 생각한다는 사실에서 찾아야 한다. 그녀는 카트린 밀레의 책에서 아주 흥미있는 몇 단락을 내게 읽어 주었고 그후에는 어떤 이론을 전개하려고 애썼는데, 그것이 나를 약간 난처하게 만들었다.

서슴없이 이 책을 '멋지다고' 평가하는 그녀의 관점에 따르면, 이 책은 실패한 이야기, '출산을 장려하고 애국을 강조했었던 부끄러운 과거를 언제라도 다시 부활시킬 준비가 되어 있는, 프랑스라는 국가의 인구 예측과 가족 계획에 페미니스트의 어리석은 주장이 더하여져' 처참하게 실패할 수 있었던 어떤 이야기를 위한 기념비 같은 것이었다. 이것이 그 책에 대한 그녀의 생각이었다. 나같이 지성이 부족한 사람에게는 감당하기 힘든 이야기였다. 새어머니는 신중하고 조심스러운 여자로 사람들이 자신의 여러 가지 엉뚱한 행동들을 찬미하는 것을 좋아했다. 내 생각에는 아버지가 그녀를 선택한 것도 바로 그 점 때문이었다. 그녀는 어머니와 아주 달랐으며, 아버지가 그녀와 사랑에 빠졌을 때(거의 15년 전이다) 어머니는 아주 대단한 소동을 일으켰었다. 이혼은 3년 넘게 걸렸으며, 물려받은 재산이 많아서 어머니가 아버지보다 더 부자였음에도 아버지는 많은 위자료를 어머니에게 주어야 했다. 20년 이상을 함께 살아온 여자를 그런 식으로 버릴 수 없으며, 그 잘못의 대가는 어떻게 해서든지 치러져야 하며 사랑의 관계를 파기한 책임을 누구에게 전가해야 하는지를 상징적으로 보여주어야 한다는 것이 당시 어머니의 주장이었다. 그녀의 어조와 그녀의 말에서 자크의 영향이 느껴졌다. 자크는 그녀의 유명한 정신분석가로 10분 만에 그는 그녀를 자신의 진찰실에서 쫓아냈는데, 정신분석 기술에 충실하기 위해서가 아니라 그녀가 그를 너무나 성가시게 했기 때문이었다. 하여튼 자살한 후에 출판된 그의 일기장에서 찾아낸 설명에 따르면 그렇다.

따라서 어머니는 더 젊은 여자와 살기 위해 그녀 나이의 여자를 떠날 수는 없는 거라고 말했다. 아버지는 새어머니가 어머니보다 더 젊지 않으며 같은 나이라고 대답했다. "상관없어요"라고 어머니가 응수했다. 엄밀히 얘기하자면 그건 똑같은 일인데, 왜냐하면 어쨌든 그런 식으로 여자를 떠나서는 안 되며, 그런 식으로 한 가정을 산산조각내서는 안 되기 때문이었다. 그러나 내가 말하고자 한 건 그것이 아니다.

다시 새어머니 얘기를 하겠다. 새어머니의 이름은 오르키데이며, 아니 보다 정확히 말하면 그녀가 그렇게 부르도록 했다.

왜냐하면 그녀의 진짜 이름은 베르트인데, 그녀는 이 이름이 자신에게 피해를 준다고 생각했기 때문인 것 같다.

오르키데는 아직도 매우 아름다우며 필요할 때는 청중을 사로잡을 줄 안다. 그녀는 지금 그녀가 내게 이야기하려고 하는 것을 구체적으로 설명하기 위해 《카트린 밀레의 성생활》에 관한 책을 하나 쓰기 시작했다고 말했다.

"1960년대초, 내가 스무 살이었을 때, 여성에게는 성과 관련한 모든 것이 아주 복잡했단다. 매번 임신할까봐 겁먹을 뿐만 아니라 만약 그런 일이 일어났을 때 남자들이나 어머니, 다른 여성들이 우리를 갈보나 창녀로 취급할까봐 두려워했어. 애정생활에 눈뜨게 됐을 때 나는 내가 남자 형제들에게는 모든 것이 자유롭지만, 내게는 아무것도 자유롭지 않은 세계에 살고 있다는 것을 알게 됐어. 너무 늦게 외출해도 안 되고, 순결을 잃어도 안 되며, 파티에서 너무 많은 남자들과 키스하는 것도 안 되었지. 곧 나는 그런 상황이 아주 부당하다고 느꼈고, 당시에는 프랑스어로 번역이 되지 않았던 성해방과 그 비슷한 목적들을 이루기 위한 이상향의 실행을 권장하는 책들을 읽기 시작했단다.

그러나 그뿐만이 아니었어. 나는 별을 사랑했고, 우주비행사가 되고 싶었어. 비록 당시에는 그 일이 각광받는 직업이 아니었고, 사람들도 우습게 생각했지만 말이야. 나는 정말로 나 자신이 그 직업을 위해 태어났다고 믿었어. 하지만 부모님은 날 막기 위해 온갖 방법을 다 쓰셨지. 그들은 내게 그 직업이 여자답지 못하다고, 여자들은 우선적으로 어머니로서의 역할과 어울릴 수 있는 일을 찾아야 한다고 말씀하셨어. 왜냐하면 여자들이 일한다고는 하지만 엄밀히 말해 우리 집 같은 중산층 가정에서는 필요가 없는 일이기 때문이지. 무엇보다도 나는 한 남편과의 사이에 가지게 될 아이들을 돌볼 준비가 되어 있어야 했어. 반대로 남편은 적당한 직업을 가져야 했고 말이야. 그래서 부모님은 내게 공증인이나 약사가 되기 위한 공부에만 학비를 대주시겠다고 말씀하셨어. 부모님 생각에 공증인은 조용하고 스트레스를 받지 않는 직업이었어. 약사 직업 역시 마찬가지였는데, 직원을 채용해서 약국을 운영하도록 맡겨두면, 나는 내 아이들을 돌볼 수 있을 테니까 말이야.

바로 그것이 당시 나와 같은 사회적 조건을 가진 여성에게 주어졌던 우울한 전망이었어.

그래서 난 부모님의 집을 떠나기로 결심했어. 처음에는 신문사에 취직했고, 그후에는 금융계에서 일을 했지. 거의 비슷한 시기에 나는 불법 낙태나 나 자신을 희생해야 할 아기를 가질 염려 없이, 직업과 평온한 애정 생활을 누릴 수 있게 불임 수술을 받았어.

따라서 난 다른 여자가 된 거야. 당시 내 애인 가운데 한 사람이 정확하게 표현한 것처럼 난 고래들 세계에서 일종의 별똥별 같은 존재였어. 강렬한 질투에 사로잡힌 네 어머니가 네게 뭐라고 이야기했건간에 돈도 꽤 많이 벌었단다. 사실 내가 유산을 물려받은 건 훨씬 뒤인 1970년대말이 되어서였는데, 그때는 돈이 더 이상 필요없을 때였지. 그 시기에 난 셀 수도 없이 많은 애인들을 가졌었는데, 가족이나 경제적인 계산은 조금도 없이 이들을 선택했다는 점이 자랑스러워. 마흔 살이 넘어 네 아버지를 만났을 때에 비로소 내 삶이 '안정'을 찾은 거란다.

그럼 처음 질문으로 되돌아가 보자. 아주 빨리 나는 내 식으로 페미니스트가 됐단다. 그 얘기는 있다가 해주마. 그리고 또 얼마 안 가서, 1970년대 초반 이후 나는 이 운동이 끔찍한 것임을 깨달았단다."

"끔찍하다구요? 좀 과장하는 거 아니세요?"

이 말에 그녀는 내게 적의에 찬 시선을 던졌다.

"얘야, 내가 끔찍하다고 하면 끔찍한 거야. 난 이런 이야기를 할 때 매번 거침없이 말한다느니, 잘못된 말이라느니, 과장됐다고, 또는 그 비슷한 다른 비난을 받는 걸 좋아하지 않는단다. 바로 그 미친 페미니스트들이 모든 걸 남용하고, 망치고, 배신한 거야……."

그녀는 창백해졌고 나는 다가가 손을 잡으려고 했다. 그러나 그녀는 왕족같이 우아하게, 너무 흥분해서 그렇다고 사과하며 나를 물리쳤다. 사실 나는 이 여성이 자신에 대한 통제를 그렇게 잃을 수 있을 것이라고, 그것도 정치적인 문제에 그렇게 될 것이라고는 절대 상상하지 못했을 것이다.

"그러니까 내가 '끔찍하다고' 했었지. 왜냐하면 다른 방향으로 전개될 만반의 준비를 갖춘 상황에서 그런 결과가 초래됐기 때문이야. 우리가 착수해야 할 세 가지 일, 즉 우리 여성들이 노예 상태로부터 되찾아야 할 세 영역이 있었어. 우선 성에 관한 거야. 자꾸 고집 부려서 미안하지만, 주위에서 일어나는 어리석은 일들의 대부분이 이 문제에서 나오기 때문에 난 아주 중요하다고 생각해. 여성들이 남성들처럼 성관계를 가질 수 있고, 같은 자유를 누려야 했어. 그런데 그녀들은 유혹에 넘어간, 남자들의 무책임한 약속들에 넘어가 몸을 맡긴 여자의 눈물 쥐어짜는 신화를 끝내기를 원한 것이 아니라, 오히려 남자들로 하여금 그 약속들에 책임을 지도록 하고 싶어했어. 그리고 그렇게 하기 위해 남자들은 선천적으로 행실이 나쁘며, 가볍게 행동하는 거라고 선언했고, 따라서 그들은 아무것도 요구할 수가 없었지. 요약하자면 그 바보 같은 페미니스트들은 자신들에게 주어지는 자유를 취하기보다, 남자들이 자신들이 그랬던 것처럼 성이라는 분야에서 노예가 되기를 선택했어. 이게 바로 그 비열한 문제의 첫번째 측면이야. 두번째는 가정이었는데, 아이들을 키워야 한다는 사실이 여성들에게는 구속이 됐어. 그녀들은 무엇을 얻어냈을까? 이제부터 그녀들은 남성들보다 더 많이 요구할 수 있고, 아이들의 교육을 위해 남성들과 국가로부터 그 일부를 지원받을 수 있으며, 여성들이 혼자서 남편 없는 가정을 꾸리려고 결심할 때도 그 지원을 받을 수 있다는 점을 제외하고는 그녀들은 옛날처럼 아이들을 지키는 사람들로서, 거의 절대적인 아이들의 주인으로서의 역할을 계속하는 거야. 이 모든 것은 남성들을 희생시키고 이루어진 거야. 그들은 그녀들이 자신들의 의견도 묻지 않고 낳은 아이들에 대해 책임을 져야 하고, 그들이 함께 가지기를 원했던 아이를, 여자가 낙태

하려고 결심할 경우 한마디도 못한 채 그 결정을 받아들여야 했어. 예전에 여성들이 피임이나 낙태를 할 수 없어서 아이들을 감내해야 했었던 것과 같은 방식인 셈이야. 그러나 앞으로 이 자유의 부족을 견뎌내야 하는 건 남자들이야. 여성들을 무엇으로든 해방시키기는커녕 이러한 상황의 역전이 그녀들을 그 어느 때보다도 어머니로 만들었으며, 게다가 이러한 노예 상태는 더 이상 감수하는 것이 아닌 자발적인 것이 되어 버렸어. 이는 우리를 그 문제의 마지막 측면, 말하자면 그 어리석은 모성의 제국이 빚어낸 주요한 결과들의 하나로 이르게 한 거야. 너도 짐작했겠지만 난 일에 대해 말하는 거란다. 가정을 선택한 결과가 가장 명백히 드러나는 게 바로 이 영역이지. 프랑스에서 정규직으로 일하는 여성은 전체의 50퍼센트 미만이야.

이 모든 실패는 성적 차이라는 새로운 차원에서 재검토되었어. 그전에는 여성들에게서 권리를 빼앗기 위해 이러한 논거를 사용했었지만, 이제부터는 생명을 태어나게 하는 가련한 여자들, 그리고 이러한 특별한 경의를 받을 만한 여자들로서 더 많은 권리를 가지기 위해, 무엇보다도 이를 핑계삼아 계속해서 약한 존재들로 남아 있기 위해 사용하고 있어. 따라서 그녀들은 악독한 유혹자들이 계속해서 그녀들에게 가하는 잘못을 고치는 것 외에는 아무것도 요구하지 않고 있어. 성적 차이는 또한 서로 보충하는 성을 가진 인류의 반동적인 이데올로기에 의해 사용되어 왔고, 각각의 성은 고유한 특성을 가지는 것으로 추정되는데, 즉 남성들에게는 이성과 엄격함이, 여성들에게는 감정과 대화의 능력이 주어져. 물론 정치적 표현에 대한 영향들도 함께란다. 틀림없이 너도 평등을 둘러싼 논쟁에서 나온 어리석은 이야기들, '어머니들에게 권력을' 이라는, 아니면 그 비슷한 말들을 들어 봤을 거야.

의심할 바 없이 이것이 바로 가장 중요한 일이었고, 결국엔 실패로 끝나 버린 거야. 그녀들은 모든 것에 실패했고, 옛날처럼 특권을 가진 어머니로 남게 됐지만, 일부 엘리트들에게는 평등의 특권도 주어졌어. 이는 역설적으로 그녀들의 열등감과 자신들에 대한 신뢰의 부족을 커지게 할 뿐이었어. 게다가 부당하게도 그녀들은 이러한 감정들을 남성들의 자신들에 대한 증오와 폭력 탓으로 돌리고 있어. 그래서 그녀들은 국가의 검에 호소하는 거야. 그녀들은 그 어떤 헌병이라도 자기 자신에 대해 느끼는 경멸로부터 자신들을 보호해 줄 수 없다는 것을 모르고 있어.

네게 말했듯이 나는 이 어리석은 운동을 처음부터 봐온 증인이야. 사람들은 난자와 자궁, 심지어 월경까지도 숭배했단다. 어떤 모임에서는 월경을 찬양하기 위한 시까지 썼어. 내게는 그런 것들이 꽤 불쾌하더구나. 게다가 페미니스트들은 그전에 여성들을 구속했던 사람들이 한 것과 똑같이 이성을 짓밟았단다. 그녀들은 과거 그녀들에게 기본권을 인정하기를 거절했던 그들이 이성적이지 못했었다는 점을 잊고 있었던 거야. 그리고 그녀들은 점점 더 남성 혐오자가 되어 버렸고, 마치 그 범주에 속한다는 사실이 원칙적으로 치욕인 것처럼 남자들에 대해서 거의 인종차별주의자나 다름없이 되어 버렸어.

자, 이상이 그 운동의 실패를 보여주는 몇 가지 측면들이란다. 더 많은 예를 들어 줄 수도 있어. 하지만 내가 너에게 말하고 싶었던 건 이러한 치욕의 이야기가 아니라, 아주 큰 물의를 일으킨 이 책에 대한 거였어."

"하지만 새어머니, 페미니스트들이, 그녀들이 여자이고 여자의 몸을 가지고 있다는 그 사실만으로 경멸의 대상이 되었던 것에 맞서고 싶어했다고는 생각지 않으세요? 마치 이 어리석은 짓이 일종의 견제를 위한 자발적인 행동인 것처럼요." 나는 새어머니가 많이 분노할까 두려워하며 말했다.

"넌 그걸 역사의 견제라고 부르니? 너는 역사를 단순한 그네놀이쯤으로 생각한다는 거야? 그렇다면 왜 공포 정치나 이슬람 혁명에 대해서는 같은 말을 하지 않는 거지? 그게 아니란다. 만일 과거에 대해 정치적으로 반응하고 싶다면 그런 식의 행동은 신중하지 못한 것이란다. 그러나 이렇게 말하긴 좀 그렇다만 내가 한 것처럼 자랑스럽게, 지적으로 행동해야 돼." 그녀는 열번째 담배에 불을 붙였고, 연기 속에서 그녀의 정치적 교훈이 계속됐다.

"나를 예로 드는 것은 어쩌면 별로 겸손하지 못한 일일 거야. 요컨대 내 인생은 청소년기 때 내가 완성하기를 바랐던 예술 작품은 아니었어. 하지만 괜찮아, 최선을 다했으니까.

나는 우리 여성들이 그 시대에 빠졌던 함정을 아주 빨리 깨달았고, 그렇게 하는 것이 합리적이었기 때문에 이 상황에 맞서

겠노라고 생각했던 거야. 어렸을 때 어머니께서 내게 인형을 사주셨는데, 난 그것들을 하나하나 망가뜨리고 나만의 놀이를 만들어 내곤 했단다. 그리고 나서 나 자신이 여성들을 직접적으로 괴롭히는 청교도주의에 영향받도록 내버려두지 않고, 네게 말했듯이 내가 원하는 만큼 많은 애인을 갖기로 결심했던 거야. 쾌락과 우정 이외에는 남자들에게 아무것도 바라지 않았어. 남자들은 나를 경멸하기는커녕 존중해 주었고 사랑했지. 그리고 나를 더러운 년으로 취급하는 남자들에게는 아주 많은 모욕을 주었는데, 그들이 그 교훈을 기억하고 있을 거라 생각해……. 그리고 난 아기는 나를 노예로 만들고 많은 것들, 특히 내 일을 하지 못하게 방해할 것이기 때문에 가질 이유가 조금도 없다고 생각했어. 그래서 일을 많이 했던 거고, 돈도 많이 벌었어. 난 정말로 자립적인 사람이 되었단다. 살기 위해서, 그리고 내가 원하는 대로 살기 위해서 내게는 남자가 필요없었어."

"하지만 모든 세대의 여성들이 아기를 낳는 일을 완전히 그만두는 게 나았다고 생각하세요?"

"그런 말이 아니야. 난 너한테 어떤 반응의 예를, 우리가 빠져나오고 싶어하는 상황에 적절했을 정치적 반응의 예를 들어 준 것뿐이야. 게다가 모든 여성들이 난자를 위한 시를 찬양했던 건 아니야. 우리 건물의 포르투갈인 여자 수위는 그런 것에 대해 전혀 몰랐어. 나는 여성의 지위를 혁신하고자 했던 자칭 엘리트들에 대해 말하는 거야. 요컨대 그녀들의 수는 많지 않았어. 그런데 너, 언제부터 출산 장려나 아주 프랑스적인 문제랄 수 있는 인구 감소에 대해 걱정하게 된 거야?"

"아니, 제 얘기는 그게 아니에요……."

"그렇지만 그렇게 말했잖니, 그 얘기가 아니면 뭐란 말이야. 프랑스에서 불임 수술이 허용된 지 겨우 2년밖에 안 됐다는 거 알고 있니. 이미 말했지만 나도 그 수술을 불법으로 해야 했단다. 프랑스에서 불임 수술은 페미니스트의 주장이 아니었어. 왜냐하면 그녀들은 자신들의 구호에 따라, 힘을 갖기 위해, 남자들과 국가에 대해 힘을 갖기 위해 출산을 주장해 왔단다."

"새어머니 생각은 좀 강경한 것 같아요……."

"아니야, 네가 틀렸어. 그녀들의 이야기를 분석해 보려무나. 그럼 알게 될 테니. 그녀들은 더 이상 불임 여성들의 권리를 옹호하는 일에 전념하지 않았어. 최초의 인공 수정이 소개됐을 때 그녀들은 곧 그것을 규탄했는데, 왜냐하면 그녀들의 말에 따르면, 의사들이 그런 식으로 자신들의 몸에 대한 권한을 획득했다고 보기 때문이야. 그녀들은 자신들을 암소로, 산업적인 번식을 담당하는 암소들로 여겼던 거야. 사실상 그녀들은 암소가 되는 것을 그만두어야 했던 상황인데 말이다."

나는 정말이지 이같은 격렬함에 깜짝 놀랐다. 나는 아름다운 오르키데가 이렇게 격노하는 데는 무슨 이유가 있을 거라고 확신했다.

물 한 잔을 마시기 위해 일어선 나는 주방에서 우연히 예순세 살에 아이를 낳아 유명해진 여성에 관한 책을 보게 되었다. 내 생각에 오르키데는 예순 살이었는데, 나는 아무렇지도 않은 듯 그녀에게 그것에 대해 어떻게 생각하는지 물었다. 그녀는 처음엔 약간 난처한 듯이, 그리고는 흥분으로 목이 멘 듯한 목소리로 대답했다.

"멋진 일이라고 생각해. 그렇지 않아도 네 아버지와 내가 네게 말하려고 했었는데. 우리는 미국에서 아이를 만들기로 결정했단다. 그 여성이 있었던 같은 병원에서 말이야……."

나는 아연했다.

"아니, '만들다' 라니요, 그게 무슨 말이에요?"

"사실, 내가 직접 아기를 배고 싶지는 않아. 그래서 대리모를 구할 거야. 네 아버지의 정자와, 조카들 가운데 날 많이 닮은 조카의 난자로 아이를 태어나게 할 거란다. 난 담배를 피우기 때문에, 게다가 임신하는 건 불필요하고 고통스러운 일이라고 생각하기 때문에 아기를 직접 배고 싶은 마음은 조금도 없단다."

"하지만 모성의 노예 상태에 관한 새어머니의 이론은 어떡하구요?"

"그건 다른 얘기야. 이제 나는 거의 일을 하지 않아. 돈도 꽤 있고, 네 아버지 역시 그렇고. 따라서 우린 지금까지와는 다르게, 아주 다르게 살아 볼 거야. 힘들고 보람 없는 일들을 맡아서 해줄 사람들을 채용할 수 있을 거니까. 우린 즐거운 일만 할 거야. 역사적 사건과도 같은 그 여성의 이야기를 알게 된 후, 네 아버지와 내 앞에 새로운 지평이 열리게 된 거야."

"하지만 정부에서 주는 가족 수당은 거절할 생각이라는 것을 네게 말해 주고 싶구나. 나는 아기를 낳는 데 돈을 받는다는 사실에 찬성하지 않는단다……."

결국 오르키데와 나는 카트린 밀레의 고백에 대해서는 전혀 이야기하지 못했는데, 왜냐하면 몇 달 전부터 그녀는 그 피조물을 잘 키우기 위해 육아법에 관한 책들만 읽고 있기 때문이었다. 그녀는 피조물에 대해 아주 자랑스럽게 어머니가 아닌 '공저자' 라 자칭했다.

9

불가능한 부성

지난달 결혼식이 끝나고 며칠 뒤, 나는 파리에 아주 오래 살았던 한 친구를 방문하기 위해 칠레로 가는 비행기를 탔다. 이번 방문에서 내 조사에 필요한 새로운 정보들을 얻을 것이라는 생각을 단 일 초도 의심하지 않았다. 장시간 비행기를 타야 하기 때문에 나는 추리 소설 몇 권과 언젠가는 가축들의 권리에 관해 멋진 책을 쓰려고 10년 전부터 수집해 온 동물과 관련된 내용들을 적어둔 노트를 가져갔다. 나는 우리 동네의 한 애완동물보호협회에 가입했는데, 그곳의 회원들은 하나같이 아주 엉뚱하고 무능한 사람들이었고, 결국에는 이 사람들과 고양이나 개, 그리고 앵무새(세상의 다른 그 무엇보다도 내가 좋아하는)들에 대해 수다만 떨게 되었다. 요즘은 도마뱀을 기르는 사람들이 많다. 그러나 고백하지만 나는 이들 괴상야릇하고 시대에 뒤떨어진 모습의 생물들에게 그 어떤 공감도 할 수가 없다(우리 모임에 참석하는 나일산 큰도마뱀의 주인이 언젠가 내게 꽤 거만하게 앵무새들이 파충류와 같은 뇌 구조를 가지고 있다고 말했어도 말이다). 동물들에게는 불행한 일이지만, 내가 이 모임의 중심 인물로 추대되어 그들의 슬픈 운명의 개선을 위한 헌장을 작성하도록 되어 있었다. 그렇지만 나는 내 생각들을 구조화하지 못하며, 헌장이란 내게는 그 경영에 많은 합리성이 요구되는 기업같이 여겨졌다. 이번 여행으로 다시 한번 그 책임을 모면하며, 나는 옆좌석에 앉은 여성에게 흥미를 느꼈다. 조금 전에도 말했듯이 여행은 너무 길다. 부에노스 아이레스에 의무적으로 기항하는 것까지 계산하면 목적지까지 거의 15시간이 걸린다.

말을 걸자마자 기다렸다는 듯 거의 서른다섯 살쯤 되어 보이는 그 젊은 여성은 내게, 샤를 파스카처럼 매력적인 마르세유 억양으로 세번째 아이를 임신중이라고 말했다. 나는 그녀에게 내가 불임이며, 지금은 (도가머리가 있는) 앵무새 한 쌍(클라리스와 장 자크)과 작은 하얀 왕관 앵무새(드라고넬라. 남편과 나는 이것을 다른 새들의 탐욕과 질투로부터 보호해야 한다)를 기르는 것에 만족한다고 말했다. 그녀는 내 처지가 끔찍하다고 생각했으며, 자신의 의사를 찾아가 보라고 충고했다.

"아녜요, 부인, 삶을 그런 식으로 끝낼 수 없어요. 끔찍한 일이에요. 아이가 없는 여자의 삶이라니요? 이렇게 말해도 되는지 모르겠지만, 열심히 아기를 낳는 일이 여자의 운명이 아니라면, 어떤 게 우리의 운명이죠? 어떻게든 뭐라도 해보셔야 해요."

나는 상황이 그렇게 지독한 것만은 아니며, 예순세 살의 여자도 아이를 낳는 지금, 내게는 아직도 꽤 많은 시간이 있다고 말하며 그녀를 위로하려고 했다.

"그 여자요? 남부에 산다는 미쳐도 단단히 미친 그 여자 말예요? 아니, 그런 얘기는 마세요! 그녀가 한 짓은 구역질나는 일이에요. 당신은 그런 짓을 하지 마세요! 왜 그 미친 여자에게서 아이들을 뺏지 않는지, 왜 그 여자를 정신 병원에 넣지 않는지 모르겠어요. 그 불쌍한 아이들을 그들에게 그대로 내버려 둬선 안 돼요. 그 애들도 그런 집에 있으면 미칠 거예요. 그런 관용주의는 우리 사회를 대재앙으로 몰고 갈 거예요."

나는 이 말에 이러쿵저러쿵 대답하지 않고 글쓰는 척하기로 했다. 그러나 그녀는 십중팔구 내게 호감을 느꼈거나, 아니면 나를 적어도 칠레에 도착할 때까지 그녀 옆에서 얘기를 들어줄 사람으로 생각했다.

"들어 보세요, 제 인생도 평탄하지만은 않았어요. 당신처럼 불임이라는 불행을 겪었던 것은 아니지만 전 남자들과 꽤 많은 문제가 있었어요. 다행히도 지금은 우리 여성들이 상당히 잘 보호받고 있어요. 우리 이웃에 사는 한 지식인이 말한 것처럼 만일 그 일들이 제게 그전에, 가부장 시대에 일어났었다면 전 어떻게 됐을까요? 그때는 모든 것이 남자들을 위해 이루어졌죠.

스물다섯 살쯤 전 피임약을 먹는 것도, 생리 주기와 그 모든 것들에 신경 쓰는 것에도 진절머리가 났어요. 말하자면 전 어머니가 되고 싶었던 거예요. 당시 한 남자와 같이 살고 있었는데, 그는 원칙적으로는 아이를 갖고 싶어하지 않았지만 동시에 그 일에 대한 책임을 제게 내맡겼죠. 그 사람은 콘돔을 좋아하지 않았어요. 따라서 조심해야 하는 건 저였어요. 그래서 전 피임약 먹는 것을 고의적으로 그만뒀는데, 아무 일도 일어나지 않았어요. 의사에게 진찰받았지만 의사는 아무 변화도 발견하지 못했죠. 그리고 나서 어느 날 이 남자는 휴가를 떠났고, 제 마음에 꽤 드는 그의 친구 하나가 그를 보러 집에 들렀는데 전 제 운을 그 남자와 시도해 보고 싶었어요. 결국엔 애인이 불임이라고 생각하게 됐기 때문에 아기를 갖고 싶었던 저는 그 욕망을 실행에 옮기고 싶었어요. 전 임신하게 됐고 그것을 공식적으로는 동거남에게, 비공식적으로는 잠시 들렀던 친구에게 알렸는데, 그는 즉시 책임 회피를 하더군요. 동거하던 남자는 별로 만족해하지는 않았지만 내가 그에게 아주 작은 목소리로 '네가 원하지 않으면 지울게' 라고 하자, 그는 만일 내가 낳고 싶다면 상관없다고 대답했어요.

저는 이 남자와 아기와 함께 평온하게 살았어요. 그런데 조금씩 지겨워지기 시작하는 거예요. 아기가 모든 것을 채워 줄 순 없었죠, 열정과 사랑이 필요했어요.

어느 날, 뤽상부르 공원을 당시 세 살이었던 아기와 산책하다가 그 남자를 만난 거예요. 전 첫눈에 (당시 제 느낌은 그랬어요) 반했고, 돌이킬 수 없는 사랑에 빠졌어요. 그는 돈을 잘 버는 치과 의사였고, 기적적으로 아직 독신이었어요. 나중에 전 그것이 기적이 아니라 그의 소름끼치는 어머니 때문이라는 것을 알 기회를 가지게 됐지만 말이에요. 거기에 대해서는 좀 있다가 얘기하죠.

장 루이라는 두번째 남자랑 결혼하기 위해 저는 첫번째 남자를 떠났어요. 그러나 가짜 아버지인 첫번째 남자와 아이의 친권 문제를 놓고 다툼이 있었어요. 그는 2년을 이 아이와 함께 살았고, 아이는 그의 자식이고, 자신은 그 아이를 사랑하며, 아이는 자신의 유전 형질을 가지고 있다고 말하더군요. 그는 소위 말하는 지식인이었고, 이런 사람들이 논리적으로 말을 잘한다는 건 당신도 알 거예요. 그는 자신이 적어도 일주일에 한 번은 아이를 보러 오는 것을 제가 거절할 수 없다고 주장하는 거예요. 그래서 전 어쩔 수 없이 친자 관계 부인 소송을 시작했어요. 유전자 테스트에서 그는 졌죠. 우리는 그를 떼어 버렸고, 마침내 평화롭게 살 수 있었어요."

그녀는 이야기를 계속하고 싶어했지만, 나는 자고 싶은 척했고, 다행히도 그녀가 입을 다물었다. 그녀는 포켓판으로 된《정신적 희롱》이라는 책을 읽기 시작했다. 내가 잠에서 깨어나자 그녀는 기뻐했는데, 왜냐하면 그녀는 비행기로 여행하는 동안 토론하는 것을 좋아하며, 침묵은 그녀를 조금 불안하게 만들고 또 산티아고까지는 너무 멀기 때문이라고 그 이유를 내게 설명했다. 내가 뭐라고 한마디 하기도 전에 그녀는 자신의 가족 이야기를 다시 떠들기 시작했다.

"치과 의사인 장 루이와의 사이에서 다른 아기를 낳았어요. 그를 정말로 좋아했기 때문에 이번에는 속임수를 쓰지 않았어요. 우리 사이는 그의 어머니가 파리로 이사 와서 우리의 삶을 불가능하게 만들어 버리기 전까지는 아주 좋았었어요. 그녀는 집에 와서 우리의 일거수일투족을 감시하는 거예요. 주말이면 아이를 데려가려고 하거나 그 비슷한 일들을 하려고 했죠. 따라서 저는 두 아이와 함께 떠나기로 결심했고, 얼마 동안은 당시 다섯 살이었던 딸애의 방문권과도 아무 문제가 없었어요. 그러나 몇 달 뒤 전 멋진, 게다가 아주 부자인 남자를 만나게 됐어요. 그는 저를 사랑하게 됐고 제게 프랑스의 남부, 더 정확하게 앙티브에 가서 살자고 제안했죠. 전 저와 한참 이혼 소송중이던 남편이 제 새로운 삶을 틀림없이 지옥으로 만들리라는 것을 즉시 깨달았어요. 당시 제 변호사에 의하면 가장 좋은 방법은 그를 딸애에 대한 추행죄로 고소하는 것이라고 했고, 그 상황에서는 그게 아주 잘 먹힐 거라며 아이를 설득해서 판사와 심리학자들에게 몇 가지만 말하도록 하면 된다고 했어요. 우리는 아이를 잘 설득했고, 결국엔 성공했죠. 아이에게 아버지가 자신을 다른 아이들의 머리를 잘라 표본병에 넣는 피가 난무하는 난잡한 곳에 데리고 갔다고 말하도록 했어요. 또한 아버지가 자신의 항문에 드라이버 · 곡괭이 · 칼들을 아무 흔적도 남지 않는 아주 사악한 고도의 기술로 집어넣었다고 말하도록 했어요. 이 분야에 대해 조사를 해오고 아동 성추행 사건들에 대한 당국의 침묵에 투쟁해 오던 두 신문 기자들이 이 사건을 알게 됐고, 그들은 이 사건을 텔레비전에 보도했죠. 그것은 굉장한 스캔들이었어요. 그 파장이 너무나 컸기 때문에 장 루이는 자신의 고객 전부를 잃게 되었죠. 판사들은 그에게 딸애를 보는 것을 금지했어요. 그후 그는 증거 불충분으로 혐의가 풀렸지만, 제가 들은 바로는 소송과 그 모든 일이 그에게 너무나 큰 고통을 주었기 때문에(제가 그에게 더 이상 그의 어머니를 참을 수 없다고 말했을 때 그 바보가 제 말을 듣기만 하면 됐었어요) 외국에 가서 살기로 했다고 들었어요. 어쨌든 그는 더 이상 아이의 친권이나 방문권을 요구하지 않았죠. 사실 저한테는 잘된 일이에요. 그리고 그 사람 역시 불쌍한 딸애를 잘 떼어 버렸다는 사실을 다행으로 여겼을걸요. 남자들이란 다 똑같아요.

그 이후로 전 앙티브에 살고 있고, 세번째 아이를 기다리는 중이죠. 이번이 마지막이 되길 바라요. 그동안 너무나 힘들게 왔다갔다했어요. 많은 고통과 많은 애정의 실패를 겪었구요. 이젠 지긋지긋해요. 평화롭게 살고 싶어요."

"하지만 아이들은 어떻게 생각하죠?"

"앙티브의 새 집에서 살게 된 걸 기뻐하고 있어요."

"제 말은 더 이상 아버지를 볼 수 없다는 사실이……."

"무슨 말이죠? 그 애들에게는 지금 아버지가 있어요. 우리 모두를 사랑하는 멋진 새아버지 말이에요. 제 아이들은 잘 알고 있어요. 더구나 아버지란 존재는 남자들에게 책임을 지게 하기 위해 우리가 만들어 낸(왜냐하면 이전 시대에서 그들은 여자들을 임신시키고는 도망가 버렸기 때문이에요) 감언이설에 지나지 않는다는 걸 누구나 다 알고 있어요. 부성 이야기는 그들을 훈계하기 위한 속임수에 지나지 않아요. 그러나 사실 부성이라는 건 적절히 해결될 수 있는 문제예요. 항상 아버지가 돼 줄, 그러니까 아버지의 역할을 맡아 줄 누군가가 있기 마련이에요. 반면 어머니는 하나뿐이죠. 어머니는 그 누구도 대체할 수가 없어요. 왜냐하면 불임인 당신에게 이런 말을 해서 미안하지만, 우리는 우리 자신의 몸 안에 생명을 만드니까요. 아이들의 생명과 우리의 생명은 하나고, 같은 것이에요. 그건 남자들의 역할과는 전혀 관계가 없어요."

"하지만 아이들에게 어떻게 이야기하실 거죠?"

"아무 말도요, 애들에게 무슨 말을 한단 말이에요? 그런 건 전혀 중요하지 않아요. 여성들이 남성들의 피해자라는 것은 누구나 다 알고 있는 이야기예요. 그 애들이 어른이 됐을 때, 이 진실은 지금보다 훨씬 더 널리 알려져 있을 거예요. 아이들은 제가 제 자신을 보호하고 그들을 보호하기 위해서 그랬다는 것을 이해해 줄 거예요."

정말이지 대단히 상스러운 여자 같았지만, 사실 그녀는 꽤 요령 있게 대처했다고 볼 수 있다. 요컨대 내가 놀랐다는 것은, 단지 내가 가부장적인 생각에서 벗어나지 못했다는 것을 의미하는 게 아닐까. 어쨌든 고모는 가부장제는 세상에 대한 이데올로기적 해석이며, 정의의 의미에 대한 우리의 판단을 흐리게 하는 것이라고 생각하셨을 것이다. 그렇게 해서 나는 부당함에 반발하는 한 여성, 감탄할 만한 솜씨로 아주 오래된 착취에 '노' 라고 말하는 여성을 만날 기회를 가졌지만, 내게는 그녀를 칭찬하거나 그녀에게 사인을 해달라고 할 의욕이 생기지 않았다. 그냥 아주 불평등하며 바보 같고 도덕적인 설명들만 늘어놓았을 뿐이다.

그래도 한 가지 좋은 점은 있었다. 즉 그녀의 이야기를 듣고

난 나는 동물들의 권리를 보호하는 일에 몰두하는 것이 차라리 나을 것이라는 생각을 했는데, 그건 이 분야에서만큼은 내가 여성들의 권리를 다룰 때만큼의 잘못을 저지를 염려가 없기 때문이었다.

10
기계 어머니

산티아고에서 돌아오자마자 나는 새로운 출산 방식에 관한 한 회의에 참석하기 위해 코숀 병원으로 갔다(이 회의에 대해서는 우리 애완동물보호협회를 통해 알게 됐다). 협회에서는 회의에 참석해서 생물공학이 인간을 위해 동물들에게 가하게 될 새로운 고통들에 대해 듣고 보고해 줄 것을 열심히 권했다. 왜냐하면 이미 커다란 파문을 일으킨 쥐나 돼지, 그리고 양들에게 하는 학대 행위들에 대해서는 잘 알고 있기 때문이었다. 그때 나이는 꽤 들었지만 별 문제되지 않을 정도로 아주 매력적인 연설자가 예기치 못한 야심찬 계획을 소개했다.

그 의학 교수는 여성들 대신에 출산할 수 있는 기계를 고안했다고 말했다. 그는 우리에게 기계의 도식을 소개하고, 그 방법을 개발하는 데 걸릴 시간에 대해 설명했다. 그의 로봇은 푸른색의 플라스틱 버튼들이(매우 장식적으로 보였다) 달린 일종의 작은 세탁기같이 생겼는데, 집 안 아무곳에나 둘 수 있었다(비록 모뎀으로 대형 출산 센터의 컴퓨터에 연결되어야 하지만 말이다). 동료인 젤루로브스키 박사와 함께 그들은 이 인공물을

'생명을 만드는 기계(MFV)' 라고 이름 붙였다.

그는 예언자 같은 태도로 청중에게 말했다.

"신사 숙녀 여러분, 젤루로브스키 박사와 제가 생각하고 있는 계획은 기술적 측면에서 출산의 형태를 바꿀 뿐만 아니라 역사에 새로운 방향을 제시할 수 있습니다."

"인공 유산이나 산모의 건강을 위한 임신 중절의 단점들이 제거될 것이며, 여성들의 육체적 고통 역시 없어질 것입니다. 또한 태어날 아기의 건강도 제어하도록 해줄 것입니다. 왜냐하면 여러분들도 아시다시피 어머니의 뱃속에서는 검출되지 않는 병들이 많이 있기 때문입니다. 그러나 우리의 관심을 가장 끄는 것은 그것이 아닙니다. 우리는 태고의 불평등과 부당함의 역사를 깨는 것을 목표로 하고 있습니다. 우선 여성들에 대한 것과, 그리고 남성들에 대한 것들에 대해서도 말입니다. 우리는 끝도 없는 임신 문제를 해결하려는 것이 아니라(왜냐하면 우리는 기술이란 한계가 있다는 점을 잘 알고 있으니까요), 적어도 역사에 새로운 길을 빌릴 기회를 주자는 것입니다."

"일부에서는 인류가 계속해서 태곳적부터 해오던 방식으로 출산하는 것을 끔찍하다고 생각하고 있습니다. 젤루로브스키 박사와 저는 사실 그러한 관점에 동의하지 않습니다. 우리는 인류가 보전하려고 결심하는 한 많은 관행들이 지켜져야 한다고 믿고 있습니다. 한마디로 그 관행들이 오래되었다는 이유만으로 자동적으로 그 존속 여부가 의심받아서는 안 된다는 이야기입니다. 반면 새로운 자유의 길을 내고, 역사에 가능성을 열어 주며, 그 가능성들이 이 사회적 세계에서 펼쳐지도록 내버려두는 것은 중요한 일인 것 같습니다. 그 나머지는 다음에 올 사회가 할 선택에 속하는 문제일 것입니다."

"그렇지만 우리는 우리의 발명품이 일으킬 수 있는 거부 반응들에 대해서도 알고 있습니다. 영국에서는 우리의 MFV와 같은 기계들을 만드는 것뿐만 아니라 이러한 방향의 연구에 대해서도 단호하게 금지하고 있습니다."

"1930년대의 유명한 몇몇 반동적인 소설가들도 우리가 고안한 것과 같은 기계를 만들겠다는 생각을 했었습니다. 그후 '외부 생성' 이라 명명된 이 기술은 즉각 전체주의의 극치로, 가족이라는 개념의 폐지, 따라서 국가에 대한 저항의 금지로 이해되었습니다. 우리의 관점으로 보자면 그후 이러한 생각은 정치적으로뿐만 아니라 사회적으로, 그리고 과학적으로도 다루어지게 되었습니다. 우리는 '외부 생성' 이 일종의 출산 산업화의 기원이 될 것이라고 생각했습니다. 마치 인간 사육장이나 일종의 인간 사육 병원 같은 것의 설치를 초래하게 될 것이라고 말입니다. 그리고 여성과 아이 사이의 탄생 전 융합을 깨버린다는 사실은 어떻게 보면 애정을 식게 하는, 즉 제조업자를 그의 제품에 연결시키는 관계와는 다른, 관계의 부재를 의미하는 것이라고 생각했습니다."

"그러나 이러한 아주 부정적인 가치 판단은 편견일 뿐입니다. '외부 생성' 에 반대하는 이유는 단지 출산 행위에 남성들과 여성들의 역할을 불평등하게 배분하는 부당한 정치적 모형을 옹호하기 위해서이며, 우리는 당연히 그것을 거절할 수 있습니다. 그 모형은 여성들에게 출산과 가정에서 아주 과중한 역할을 할당합니다. 즉 생명을 주는 일과 아이들의 교육에서 1순위 자리를 맡게 하는 것(왜냐하면 아이들은 세상에 나오기 전에 그녀들의 몸을 경유할 것이므로)이죠."

"젤루로브스키 박사와 저는 처음에는 어머니의 배를 암양의 배로 대체하려고 생각했습니다. 그러나 우리는 이렇게 되면 암양들에게 받지 않아도 될 고통을 겪게 하는 것이 돼버린다는 것을 깨달았습니다."

그 순간 나는 정말이지 그에게 깊은 호감을 느꼈다. 동물들이 보호받을 수 있다는 것을 알았기 때문에 나는 이제 그 지루한 토론회를 떠날 수도 있었다(게다가 그 순간 나는 내가 조사하는 성적 문제들과 그 이상한 기계와의 어떠한 의미 있는 관계도 찾지 못했으므로). 그러나 연설자의 의심할 여지없는 매력 외에도 무언가, 어떤 호기심이 나를 붙잡았다.

"따라서 도덕적 비난들과 법적 금지에도 불구하고 우리는 어느 섬에서(섬 이름은 밝히지 않겠다) 이 기계의 기초를 만드는 데 성공했으며, 머지않아 기계는 가동될 수 있을 것입니다.

따라서 여러분이 만일 이 계획에 흥미를 가지신다면 정치적이고 '윤리적'인 입장을 취하는 당국에 보낼 우리의 출산 방식을 지지하는 청원서를 돌릴 테니 서명을 해주시기 바랍니다."

청중은 아무 말도 하지 않았고, 토론의 주최자는 이 어색한 침묵을 아주 빨리 깨고 싶어했다.

"교수님, 교수님이 갑자기 청중을 놀라게 한 것 같군요. 우리는 교수님이 인간 복제에 대해 비판하고, 인간 복제는 반인류 범죄에 해당한다는 이론을 전개하실 것으로 생각했습니다. 그런데 교수님은 우리 모두를 아주 당황하게 하셨어요."

"그렇다면 청중들의 생각을 들어 봐야겠군요. 여러분들은 제가 여러분들이 원하는 출산 방식에 반대한다는 것을 이제 알게 됐고, 그리고 저 역시 여러분들의 생각에 억지로 영향을 주고 싶지는 않으니까요."

한 여성이 손을 들고 억제하기 힘들 정도로 흥분한 채 말했다.

"교수님……."

"전 항상 의학 분야에서의 당신의 연구와 성과에 감탄해 왔습니다. 하지만 당신의 정치적 견해에 항상 동의한 건 아니었어요. 제 생각에 당신은 인류를 파멸로 몰고 갈 수 있는 저 무책임한 전위주의자들에 속하는 것 같군요……."

"당신의 계획은 끔찍한 것이에요. 문화의 종말과도 비교될 수 있는 것이죠. 우리의 인간성을 정의 내리는 것은 여자에게서 태어난다는 사실이 아닐까요? 출생 전 9개월을 사랑의 액체 속에서, 한 여성과의 융화 속에서 보냈다는 그 사실이 아닐까요?"

토론장에 있는 다른 사람이 발언권을 청했는데, 주최자가 나서서 모든 질문들을 한꺼번에 받은 뒤에 연설자가 답변하는 것이 낫겠다고 말했다. 그는 자신도 그렇지만 아무리 개인적으로 교수의 계획을 비난한다 할지라도 그(당시 낙태 금지 반대 투쟁에 아주 중요한 역사적 역할을 했었던 것 같다)를 존중해 주어야 한다고 덧붙였다.

"선생님, 당신은 남자들과 여자들 사이의 차이점을 없애고 우리 모두를 평등하게 하며, 불분명한 가짜 주체가 아닌 기술에 의해 모든 것이 만들어지는 진짜 주체를 창조하려고 하는군요. 하지만 그렇게 되면 그 주체는 그를 다른 이와 구별해 주는 것, 인류의 구조적 차이점을 잃어버리게 되고, 결국에는 우리의 사고 능력까지도 사라질 거예요……"라고 발언권을 요청했던 중년의 그 여자가 말했다.

검은 모자에 붉은색 선글라스와 운동화를 신은 여성이(그 모든 것은 두말할나위없이 우아했다) 아무도 그녀에게 발언권을 주지 않았는데도 약간 화가 난 듯 대답했다.

"그러나 저는 출산의 관점에서 남성들과 여성들의 모든 차이점을 없애겠다는 생각이 어떻게 성별간의 차이를 침해한다는 것인지 모르겠군요. 당신은 예를 들면 아이가 없는 여성들은 여자가 아니라는 말입니까!"

"지능이 낮은 사람들과는 말하지 않겠습니다"라고 그 여성이 말했다. "저는 인류학자입니다. 꽤 유명하다고 할 수 있지요. 당신이 무지해서 잘 모르는 것 같으니 설명해야겠군요. 저는 친족 관계 전문가입니다. 당신에게 그동안 제가 연구하며 쌓아 온 아주 다른 모든 문화(그러나 매번 말할 기회가 있을 때마다 입증해 온 것처럼 아주 똑같은)들을 가진 인류의 모든 지혜에 비춰 볼 때 교수의 계획은 성간의 보편적인 차이점, 즉 출산과 관련한 차이점을 없앨 수 있다고 장담합니다……."

그러자 즉시 검은 모자의 여성이 방금 얘기한 그 대단한 학자의 무례한 어조에는 조금도 신경 쓰지 않으며 차분하게 대답했다.

"하지만 선생님, 저는 당신의 이야기를 이해할 수가 없군요. 당신이 인류학자이고, 그것에 관해 많은 책을 쓰셨다는 것도 잘 알고 있어요. 그러나 제가 보기에 당신은 한 성의 다른 성에 대한 보편적인 지배란 바로 출산을 통해서라고 생각하고 있군요. 그러니까 당신 생각은 여성들의 해방은 출산의 지배를 통해서만 가능하다는 거로군요. 그러면 여성들을 출산이라는 생물학적 과업으로부터 해방시키고 그 일을, 이렇게 말해도 될지 모르지만 기계들에게 맡긴다는 생각에는 어떻게 답변하실 거죠?"

"당신은 자신이 아주 유머 있는 사람이라고 생각하는군요, 아닌가요? 하지만 당신의 무분별한 농담은 전혀 우습지가 않군요. 질문을 하셨으니 대답해 드리도록 하죠. 만약 이 기계들이 출산을 '담당'한다면, 더 이상 여자는 없을 겁니다. 그것은 여성들의 종말이 될 것이고, 따라서 인간으로서 말하고 존재할 가능성이 끝나게 될 겁니다. 그러나 이 모든 것은 아직은 아주 추상적입니다. 당신은 그것을 문화적 경험이라는 영역에서 상상해 보셔야 합니다. 질문하신 분 잘 들어 주세요. 다름이 아니라 우리는 시를 짓고, 사랑하고, 흰색과 검은색, 낮과 밤, 기쁨과 고통을 구분하는 것을 그만두어야 할 겁니다. 모든 것이 말로 표현할 수 없는 혼돈, 신화에서 얘기하는 최초의 불분명한 상태로 돌아갈 것입니다……"라고 그 인류학자가 고통스럽다는 듯 대답했다.

"저로선 그 관계를 모르겠군요"라고 검은 모자의 여성이 응수했다. "어째서 여성들이 출산하지 않는다거나 그녀들이 임신하지 않는다는 사실이 여성들의 존재의 끝, 따라서 인류의 종말을 가져온다는 거죠? 무슨 근거로 당신이 그런 말을 하는지 모르겠군요."

그때 다른 여성들보다 조금 더 나이 들어 보이는 여성이 끼어들었다.

"부인, 영광스럽게도 이 자리에 참석한 저명한 인류학자께서 당신한테 직접 설명하셨는데, 아마도 당신 머리로 이해하기엔 지나치게 어려운 설명이었나 보군요. 이런 말해도 될지 모르지만 당신에게는 상황을 조금 단순하게 설명해야겠군요. 여성들은 여성으로 남아 있어야 합니다. 그녀들 스스로 출산을 제어해야 합니다. 왜냐하면 그렇지 않으면 그녀들은 권한을 가지지 못할 것이니까요. 어떤 권한도 말이에요. 이제 이해되나요?"

주최자가 한마디 하려고 했지만, 교수가 갑자기 말을 했기 때문에 그럴 시간을 가지지 못했다.

"그러나 여러분들은 여성들의 존재를 배나 성 · 월경 · 출산 같은 것으로 한정시켜서는 안 됩니다. 우리 남성들의 존재가 그런 것으로 한정되지 않듯이 말입니다."

"그만하지 못해요. 남성 우월주의자 같으니"라고 흥분한 옛 운동원이 말했다. "그만둬요. 당신이 뭘 안다는 거지? 우리는 우리의 몸을 사랑하고, 우리의 몸이 하는 일을 사랑해. 우리는 그 일에 행복해하고 있다구. 당신들은 우리에게 할 말이 없어. 가서 실험실이나 지키라구!"

주최자가 말했다. "조용히 해주십시오. 제 생각에 당신은 방금 들은 이야기의 초점을 모르는 것 같습니다. 교수님은 인류의 역사를 바꿀 수 있는 방법을 제시한 겁니다. 서로 욕하는 일은 그만두고 잠시 심각하게 그 문제를 생각해 보도록 하지요."

그때 무섭도록 창백한, 중국산 자기 항아리같이 약해 보이는 한 젊은이가 떨리는 목소리로 말했다.

"저는 교수님의 생각을 강력하게 지지합니다. 진심으로 저는 교수님의 생명을 만드는 기계에 감사를 보냅니다. 우선 기계의 이름부터 알고 싶군요. 기계는 '주는' 것이 아니라 '만들기' 때문이며, 따라서 아무런 보답도 기대하지 않으니까요. 제 생각에는 이 한 가지만으로도 기계를 만들 이유는 충분하다고 봅니다."

"저 자신이 출산 역할의 인류학적 분배의 피해자였고, 이러한 분배의 대가를 너무 비싸게 치르고 있다고 생각합니다."

"처음으로 한 여성이 제 아이를 임신했을 때, 전 그녀가 피임약 복용을 멈추었다는 사실을 전혀 몰랐습니다. 저는 이 아이를 원하지 않았습니다. 그렇지만 아이를 책임져야 했습니다."

"두번째는 제가 아이를 원했었습니다. 그러나 저와 동거하는 여자는 어느 날 별로 대단하지 않은 일들로 싸우고 나더니 낙태를 결심하는 겁니다. 그녀는 마치 대리모처럼 자기가 임신한 것이 제게 어떤 서비스를 하는 것으로 생각했지요."

"세번째는 우연한 임신이었는데, 동거녀가 임신 초기에 풍진에 걸렸었기 때문에 우리는 장애아가 태어날 것임을 알고 있었습니다. 하지만 그녀는 장애아들을 존중하며, 자신의 반우생학적 신조에 따라 낙태를 거부했지요. 사실 파기원의 페뤼슈 사건(의사가 임신부의 풍진을 발견하지 못해 중증 장애를 안고 태어난 니콜라 페뤼슈의 손해 배상 소송으로 법원이 배상권을 인정함으로써 장애인의 태어나지 않을 권리를 인정한 것으로 받아들여짐)의 판결을 둘러싼 아주 흥미진진한 논쟁들이 그녀에게 그렇게 하도록 영향을 끼친 겁니다. 그런데 그녀는 출산 며칠 후 떠나 버렸고, 아이 곁에 남아 있는 건 저였습니다. 물론 지금 저는 제 아이들을 사랑합니다. 모든 사람들이 그러하듯이 말입니다. 왜냐하면 자신의 아이를 사랑하지 않는 건 불경한 일이니까요. 그러나 요컨대 전 이러한 일들이 다르게 전개되기를 원했었습니다."

"그 결과, 현재 제 가정 생활은 매우 힘듭니다. 왜냐하면 여자들 것이라는 그 배에 대한 논쟁 때문에, 사실상 그녀들이 유일한 결정자가 되어 버리는 겁니다. 우리는, 우리 남자들은 그 문제에서 제외되며, 게다가 책임이 없는 것처럼 여겨진다는 겁니다. 저로선 생명을 만드는 기계가 정의의 희망이라고 봅니다."

"제 생각에, 이 기계는 어머니의 배와 비교할 때 또 다른 상당한 장점을 가지고 있습니다. MFV는 부모들이 아이에 대해 아이의 출생에서부터 평등한 관계를 만들 수 있도록 해줍니다. 어머니는 더 이상 아버지에 비해, 말하자면 본래의(원칙적으로라고는 하지 않겠습니다) 특권을 누리지 않게 되고, 아이들이 이 세상에 태어나는 순간에 평등한 입장에 서게 되지요. 왜냐하면 이 모든 것이 어떤 측면에서는 이론의 여지가 있는 것이긴 하지만, 지금으로서는 태어나는 아이는 아버지와는 공유하지 않는 이야기를 이미 어머니와 함께 해오기 때문이지요."

긴 빨강머리의 한 여성이 게르만 악센트가 조금 섞인 말투로 그 젊은 남자의 논거를 비웃었다.

"말하자면 부부가 아이에 대해 공동 소유하자는 그 이야기는 제가 보기엔 확실히 혈거 시대적 이야기 같군요. 아이들은 부부가 아닌 개인에게 맡겨져야 한다는 것을 사람들이 인식하기를 바랍니다. 다가올 미래에 그 사실은 각자가 집의 열쇠고리나 자신의 이름으로 된 신용 카드를 소유하고 있다는 사실만큼이나 명백한 일이 될 거예요. 공동의 아이, 방문권, 그리고 이혼과 부부의 갈등에서 생기는 모든 불유쾌한 일들로 인한 문제들이 끝날 거예요. 생명을 만드는 기계는 그 목적을 달성하는데 유용할 수 있을 거예요. 어쨌든 기계는 오늘날 여성들이 하는 식으로 남자들이 혼자서 아이들을 만드는 것을 가능하게 할 겁니다."

그 즉시 생명을 만드는 기계에 호의적인 생각들이 오가는 것에 분개한 그 유명한 인류학자가 일어서더니 연설자의 단상으로 다가가서는 저명한 교수를, 마치 그녀가 지하철에서 옆사람을 밀치듯 밀어 버리고 마이크를 빼앗아 말했다.

"여성 여러분, 자매들이여. 생명을 만드는 기계는 우리의 종말을 의미합니다. 모든 수단을 동원해서 이 끔찍한 계획을 막아야 합니다. MFV가 여성들에게 예정해 둔 것은 여성들의 본성 · 지위, 나아가 이렇게 말해도 될지 모르지만 **본질**의 착취이며, 실업 경제 체제에 당면한 노동자들의 운명과 같게 됩니다. 그들은 더 이상 착취당하지 않아요. 왜냐하면 그들은 아주 간단하게 제외되니까요. 그들은 더 이상 존재하지 않습니다. 그들은 몰락해 가는 겁니다."

"하지만 선생님, 여성들은 한꺼번에 그들의 신분과 생계 수단을 잃게 되는, 착취당하는 노동자들처럼 되지는 않을 거예요" 라고 부부가 아닌 개인적인 출산을 제안했던 젊은 여자가 말했다. "그녀들은 다른 존재가 될 거예요. 여성이 된다는 것이 자기 정체적이고 절대적 특성이 아닌 단지 우연한 특성에 지나지 않을 거예요. 성의 차이는 더 이상 지금처럼 중요하게 여겨지지 않을 거고, 그뿐이에요."

한 나이 든 여성이, 틀림없이 친절하게도 흥분한 그 인류학자를 위로해 주기 위해서 아주 빠르게 말했다.

"하지만 학자 선생, 걱정 마시게. 아직 성적 학대나 희롱 · 강간 · 매춘 등 우리를 착취하는 문제들이 남아 있으니까. 내가 알기로 교수는 펠라티오나 그 비슷한 다른 일을 하는 기계를 아직 발명하지 못했어……."

침착함을 잃지 않은 채 교수는 부드럽게 인류학자를 밀어냈고, 다시 마이크를 잡고 말했다.

"그렇지만 여성 여러분, 여러분들이 그 기술에 거의 마술과도 같은 위력을 부여하시다니 저는 놀랐습니다. 저도 제 기계가 아주 많은 장점들을 가진다고 생각하고는 있지만, 솔직히 그것이 여러분들이 상상하는 모든 결과들을 해낼 수 있을 거라고는 보지 않습니다. 반면, 제가 확신하는 것은 기계가 아이 문제에서 여성들이 갖는 특별한 능력에 대한 어리석은 견해들을 변화시키지는 않을 것이라는 겁니다. 그리고 낙태 결정에 있어서도 오히려 여성이, 여성만이 그 문제를 결정할 권리를 가질 것이라는 사실을 기계가 조금도 바꾸지 못하게 되면 어쩌나 염려됩니다. 오늘날 낙태의 문제에서 어머니의 배는 단지 변명에 지나지 않으며, 낙태가 여성들의 독점적인 권리라는 것을 정당화하지는 않는다는 것을 아십니까. 솔직하게 말씀드리죠. 사실 이 모든 혼동은 여러분들 여성들이 자신의 생물학적 능력에 기대를 걸었고, 그 능력이 여러분들의 권리의 토대이기를 원했다는 사실에서 비롯된 것입니다."

나도 처음에는 그 교수의 말이 맞다고 생각하며 그 자리를 떠났다. 사실상 **MFV**는 오히려 일종의 구조책으로, 담배를 많이 피우는 여성들이나 술 마시기를 좋아하거나 격렬한 스포츠를 좋아하는 여성들, 또는 커다란 배를 한 자신의 모습을 못생겼다고 생각하는 여성들(안 될 이유도 없다)이 할 수 있는 선택으로 생각되어져야 할 것이다. 우리의 운명에서 우리를 해방시키기 위해 기계에 너무 기대를 걸어서는 안 된다.

그러나 몇 시간 뒤 나는 더 이상 그 이야기에 확신이 서지 않았다. 나는 어떤 일들에 정확한 방향을 제시하는 것이 아니라 다가올 어떤 운명들에 기회를 제공하는 것이라는 새어머니 오르키데의 생각에 대해 숙고했다. 생명을 만드는 기계는 이러한 의미에서 붙잡아야 할 좋은 기회인 것 같았다. 그러나 나는 또한 생명을 만드는 기계가 실제로 출산 방법을 바꾸는 일에 기여하기 전에, 여기서 인용한 대화들이나 방금 읽은 것과 같은 많은 다른 조사 결과들의 경우처럼 다양한 대화가 아직 필요할 것이라는 바를 알았다.

나는 이제 나 자신이 쓸모 있다고 느끼기 시작했다.

출판 후기

나는 이 책을 출판하게 된 이유들을 설명할 결론을 몇 자 적는다는 조건으로 루이즈 튀젠 씨의 작은 책을 받아들였다.

어떤 사람들은 이러한 유형의 책들에 으레 쏟아져 왔던 비난을 내게 할 것이다. "당신은 튀젠 씨에게 자신의 책이 괜찮은 것으로 생각하게끔 했습니다. 사실은 그 책을 비웃고 있는데 말이지요. 아니 가장 심각한 문제는 당신이 그녀를 지배당한 뇌가 어떻게 기능하는가를 보여주기 위한 실험용 모르모트로 생각한다는 거죠." 좋다. 나도 어느 정도 책임을 인정한다. 그러나 중요하고 긴급한 목적을 추구하기 위해서 개별적 실험 대상의 희생이 정당화될 때도 있다. 사실 내게 튀젠 씨의 경우가, 이렇게 말해도 되는지 모르겠지만 지배당한 의식의 구조를 분명하게 이해하는 데 매우 흥미로울 것 같았다. 그것에 대해 나의 그 유명한 기사 〈여성들의 지배된 자기 상실〉에서, 그리고 최근에는 〈파리 여성들의 집단 학살〉이라는 다른 기사에서 이미 설명했듯이 말이다. 마찬가지로 〈성희롱의 종류〉라는 기사에서는 튀젠 씨가 같은 상황에 있는 많은 다른 이들처럼 지배할 줄 아는 지배자들에 의해 자신이 지배당하고 있다는 것을 인식하지 못하고 있다는 것을 간접적으로 설명했다.

원고 전체에서 그 의식은 착취당하는 여성들에게 있어 동의가 가장 큰 함정이라는 사실을, 그리고 내가 폭로한(내가 남자라는 사실에도 불구하고 그 어느 누구보다도 더 잘) 이러한 제3의 입장, 다시 말해 **지배력**을 고려하지 않는다면 동의냐 폭력이냐라는 양자택일에서 빠져나올 수 없다는 사실을 그녀가 꿰뚫어보지 못하도록 방해하고 있다. 이 지배력이 여성들의 자유의 토대마저 아주 명확하고 아주 완벽하게 무너뜨려 그녀들은 그 사실을 깨닫지조차 못하고 있다. 따라서 그녀들의 이야기를 귀기울여 듣는 것은 매우 유용할 것이다. 물론 그녀들과 토론을 시작하기 위해서가 아니라(그것은 그녀들의 망상을 부추기는 것밖에 안 될 것이다) 소외된 정신이 기능하는 방식을 연구하기 위해서이다.

정치 생활에서의 **지배력**의 크기를 고려한다는 것은 여러 단계를 거치는 투쟁을 시작하는 것을 의미한다.

첫번째는 동의나 자유에 대한 모든 논쟁의 거부이다. 튀젠 씨의 원고에서 볼 수 있듯이 그것은 파리가 꿀에 빠지듯이 편협한 사고를 가진 사람들이 빠지게 되는 올가미이다. 이렇게 말해도 되는지 모르지만, 사람들은 이런 식의 감언이설로 여성들을 속여넘기는 것이다.

두번째는 여성들과 아주 적은 성접촉이라도 하려고 애쓰는 모든 남성들을 감시하는 것이다. 특히 직장과 대학에서 세심한 주의를 기울여야 한다. 먼저 우리는 법에 기댈 수 있을 것이다. 아주 다행스럽게도 경찰의 지원과 함께 몇 년 전부터 법은 성적 지배가 초래하는 범죄들을 막아야 할 필요성을 인식해 왔다. 그러나 아직, 단기간 안에 가정 폭력을 담당하는 경찰 부서 내에 신체 보호 전담반을 창설해야 하는 일이 남아 있다. 바로 가정에서 암암리에 이루어지는 남편들과 동거인들의 구타 속에 프랑스 여성들의 집단 학살이 일어났다. 이러한 보호반의 목적은 돌이킬 수 없는 교화가 불가능한 인간들을 없애는 데 있지 않으며, 우선은 적어도 투옥이라는 방법과 약을 사용하여 그들을 약화시키는 데 있다.

세번째 단계는 여성들에게 범죄를 저질렀다고 보는 모든 사람들을 위한 특별한 교화소의 창설인데, 그 목적은 그들을 고립시키고 교화시키는 데 있다. 이러한 유형의 범죄에서 유죄로 밝혀진 남자는 그 누구도 제외되어선 안 된다. 무고한 사람들에게 유죄 판결을 내리게 될까봐 두려워해서는 안 된다(어쨌든 마음 저 깊은 곳까지 무고한 경우는 정말로 드물기 때문이다). 이렇게 말해도 될지 모르겠지만, 그것은 해볼 만한 가치가 있다. 희생 없이는 아무것도 얻을 수 없다. 교화소는 그들이 사회에 복귀하도록, 그리고 그렇게 하기 위해서 행동적 치료뿐만 아니라(정신의학과 호르몬 덕택으로) 문화적 치료, 예를 들면 내 책들과 같은 책들의 의무적인 읽기 등을 통한(내 책들이 최고라서가 아니라 최고가 되려면 멀었다. 가장 철저하기 때문이다) 치료를 시작하도록 도와 주어야 한다. 게다가 나는《프랑크 르 니농의 성생활》이라는 제목의 자서전을 쓸 생각이다. 이 책은 오늘날 책임을 지는 남자의 것이랄 수 있는, 충실하고 풍요로운 성의 모범적인 증언이 될 것이다. 성해방은 진행중이다.

마지막으로 내가 말하고 싶은 것이 있다. 루이즈 튀젠 씨는 원고를 넘겨준 후, 남편과 세 마리의 앵무새와 함께 그녀가 마지막 장에서 말한 그 교수의 뒤를 따라 출발했다. 그들의 목적은 다름 아닌 바로 국제적인 대가부장제의 입장을 위해 애쓰는 것이고, 교수는 생명을 만드는 그의 끔찍한 기계를 성공적으로 만들기 위해서 그에게는 그녀가 가지고 있는 '분석적 정신(그의 표현을 빌리자면)' 이 필요하다고 튀젠을 설득했다. 그러나 튀젠 씨가 그를 돕기로 결정했다고 해서 그녀를 적들의 편에 포함시켜서는 안 된다. 그녀의 남편이나 교수, 그리고 어쩌면 세 마리의 앵무새까지도 비난받아 마땅한 반면에 그녀는 단지 이용당한 것뿐이다. 언제나처럼, 사람들은 여성들의 약함과 어리석음을 남용하는 것이다.

프랑크 르 니농

역자 후기

저자는 이 책에서 루이즈 튀젠이라는 여성의 이름으로 성관련 법들과 성에 대한 페미니스트들의 주장에 대해 조사한 결과를 적고 있다.

68 혁명 이후 프랑스에서는 성해방이 확산되며 피임과 낙태 덕분에 배우자나 출산에 대한 의무로서의 성이 아닌 '성' 자체로서 쾌락을 즐기게 된다. 그러나 과연 완전한 성적 자유를 누리고 있다고 할 수 있을까? 저자는 성적 자유를 추구하는 프랑스 사회에서 재소자들의 4분의 1이 성범죄로 수감되었다는 사실을 발견하고 이에 대해 의문을 품는다. 법률가들과 페미니스트들과의 대화에서 그들의 주장의 비논리적인 면과 모순점들을 지적하지만, 그들은 논리적으로 자신들의 입장을 정당화하지 않고 그녀가 가부장적 권력에 조종당하고 있는 거라며 모욕한다.

이들에 대한 저자의 비꼬는 태도가 책 곳곳에 드러난다. 이 책의 원제(Qu'avez vous fait de la liberation sexuelle?——직역하자면 당신들이 성해방을 어떻게 만들었느냐, 즉 성해방의 결과가 이렇게 된 건 당신들의 탓이다라는 질책이 함축되어 있다)에서도 그러한 저자의 의도를 엿볼 수 있다. 오늘날의 어린이 성매매나 친자녀 성폭행 같은 반인륜적인 범죄도 그 부작용으로 볼 수 있다.

손가락을 잘못 넣은 죄로(이 경우도 강간에 해당한다고 한다) 8년형을 선고받은 사빈의 사건과 제자와 사랑에 빠져(성희롱과 미성년자 유혹으로) 감옥에 가는 문제를 두고 벌어지는 토론의 내용에서도 저자의 조소가 느껴진다. 친구의 경우에서처럼 가벼운 성적 침해일 때에도 육체적 폭력 행위보다 더 심한 처벌을 받으며, 때로는 일부 살인보다도 더 엄중한 처벌을 받는다는 것이 이해되지 않는다고 한다. 매춘이 여성의 성적 착취라고 주장하는 페미니스트들에게 스스로 원해서 매춘을 하는 경우는 어떡하느냐고 반문한다.

한편 프랑스 사회에서 법의 위치는 어떤가? 법이 모든 것을 해결해야 할까? 형법은 확실하고 증명된 사실에만 관심을 가져야 하며, 어떤 행동이 야기했거나 야기할 수 있는 정신적 고통(사빈의 사건에서처럼)을 처벌의 주요 근거로 고려하는 건 위험하다고 한다. 이 책은 이러한 근본적인 질문들에 접근하며 관심 있는 독자들에게 생각해 보도록 권하고 있다.

그리고 포르노그래피와 이것이 가난한 이들과 교외 지역 젊은 이들에게 미치는 영향, 성범죄와 그 처벌의 가혹함, 미성년 성추행과 관련 소송의 악용, 출산과 관련한 여성들의 권한, 생명을 만드는 기계(MFV)가 가져다 줄 수 있는 여성들의 해방 등에 대해서도 언급하며 이들 문제들에 대한 편견들을 깨뜨려 보고자 한다.

그러나 저자의 생각에 동의할 필요는 없으며, 저자도 독자들이 비판 정신과 통찰력을 발휘하여 스스로 자신의 의견을 형성하도록 맡기고 있다. 결론적으로 성해방은 진행중이라 할 수 있다.

이건 여담인데, 성적 자유라고 하니까 생각나는 일이 있다. 어학연수 시절 있었던 일이다. 당시 기숙사 생활을 했었는데 프랑스 여대생이랑 방을 같이 썼다. 어느 날 그 애가 약이 한 알 없어졌다며 못 봤느냐고 물어왔다. 모른다는 내 대답에 갑자기 그 애는 히스테릭하게 울며 소리치는 것이었다. 그 약을 꼭 먹어야 하는데 없다고 말이다. 당황한 나는 무슨 약인데 그러느냐고 물었다. 피임약이라는 단어를 말했지만 내가 알아듣지 못하자, 그 애는 임신하지 않기 위해 먹는 약이라며 보여주었다. 그때 내가 받은 충격이란! 성에 개방적인 나라라는 건 알고 있었지만 직접 그런 얘기를 들으니 놀랐다. 그 애가 하는 말을 다는 알아듣지 못했지만 나를 의심한다는 것을 느꼈다. 정말 황당한 일이 아닐 수 없었다. 오늘 꼭 먹어야 하는데, 이제 어떡하느냐고 다시 소리쳤다. 피임약은 매일 한 정씩 빠짐없이(한번이라도 빼먹게 되면 실패의 확률이 높아진다) 21일간 먹어야 한다는 것을 전혀 몰랐던 나는 그 애의 손에 남은 알약을 보며 남은 약을 먹으면 되지 않느냐고 말했고, 그런 내 말에 그 애가 더욱 히스테릭하게 반응했었던 게 기억난다.

마지막으로 뒤늦게 결정하고 시작한 번역 공부를 무사히 마치도록 항상 용기를 북돋아 주신 부모님께 감사하고 사랑한다는 말씀을 드리고 싶다.

2005년 3월 권은희

권은희
대구 효성여자대학교 행정학과 졸업
브장송 프랑슈-콩테대학 부속 기관에서 어학 기초 과정 수료
파리 소르본대학 어학 최고 과정 수료
이화여자대학교 통번역대학원 한불 번역학과 졸업
역서: 《결별을 위하여》
이충호의 만화 《까꿍》 프랑스어로 번역
조르주 뒤비의 《12세기 여인들 3》
앙리 베크의 희곡 《까마귀들》

성해방은 진행중인가?

초판발행 : 2005년 4월 8일

東文選
제10-64호, 78. 12. 16 등록
110-300 서울 종로구 관훈동 74
전화 : 737-2795

편집설계 : 李姃旻

ISBN 89-8038-494-7 04300
ISBN 89-8038-050-X(세트 : 현대신서)

【東文選 現代新書】

1	21세기를 위한 새로운 엘리트	FORESEEN 연구소 / 김경현	7,000원
2	의지, 의무, 자유 — 주제별 논술	L. 밀러 / 이대희	6,000원
3	사유의 패배	A. 핑켈크로트 / 주태환	7,000원
4	문학이론	J. 컬러 / 이은경 · 임옥희	7,000원
5	불교란 무엇인가	D. 키언 / 고길환	6,000원
6	유대교란 무엇인가	N. 솔로몬 / 최창모	6,000원
7	20세기 프랑스철학	E. 매슈스 / 김종갑	8,000원
8	강의에 대한 강의	P. 부르디외 / 현택수	6,000원
9	텔레비전에 대하여	P. 부르디외 / 현택수	10,000원
10	고고학이란 무엇인가	P. 반 / 박범수	8,000원
11	우리는 무엇을 아는가	T. 나겔 / 오영미	5,000원
12	에쁘롱 — 니체의 문체들	J. 데리다 / 김다은	7,000원
13	히스테리 사례분석	S. 프로이트 / 태혜숙	7,000원
14	사랑의 지혜	A. 핑켈크로트 / 권유현	6,000원
15	일반미학	R. 카이유와 / 이경자	6,000원
16	본다는 것의 의미	J. 버거 / 박범수	10,000원
17	일본영화사	M. 테시에 / 최은미	7,000원
18	청소년을 위한 철학교실	A. 자카르 / 장혜영	7,000원
19	미술사학 입문	M. 포인턴 / 박범수	8,000원
20	클래식	M. 비어드 · J. 헨더슨 / 박범수	6,000원
21	정치란 무엇인가	K. 미노그 / 이정철	6,000원
22	이미지의 폭력	O. 몽젱 / 이은민	8,000원
23	청소년을 위한 경제학교실	J. C. 드루엥 / 조은미	6,000원
24	순진함의 유혹 〔메디시스賞 수상작〕	P. 브뤼크네르 / 김웅권	9,000원
25	청소년을 위한 이야기 경제학	A. 푸르상 / 이은민	8,000원
26	부르디외 사회학 입문	P. 보네위츠 / 문경자	7,000원
27	돈은 하늘에서 떨어지지 않는다	K. 아른트 / 유영미	6,000원
28	상상력의 세계사	R. 보이아 / 김웅권	9,000원
29	지식을 교환하는 새로운 기술	A. 벵토릴라 外 / 김혜경	6,000원
30	니체 읽기	R. 비어즈워스 / 김웅권	6,000원
31	노동, 교환, 기술 — 주제별 논술	B. 데코사 / 신은영	6,000원
32	미국만들기	R. 로티 / 임옥희	10,000원
33	연극의 이해	A. 쿠프리 / 장혜영	8,000원
34	라틴문학의 이해	J. 가야르 / 김교신	8,000원
35	여성적 가치의 선택	FORESEEN연구소 / 문신원	7,000원
36	동양과 서양 사이	L. 이리가라이 / 이은민	7,000원
37	영화와 문학	R. 리처드슨 / 이형식	8,000원
38	분류하기의 유혹 — 생각하기와 조직하기	G. 비뇨 / 임기대	7,000원
39	사실주의 문학의 이해	G. 라루 / 조성애	8,000원
40	윤리학 — 악에 대한 의식에 관하여	A. 바디우 / 이종영	7,000원
41	흙과 재 〔소설〕	A. 라히미 / 김주경	6,000원

번호	서명	저자 / 역자	가격
42	진보의 미래	D. 르쿠르 / 김영선	6,000원
43	중세에 살기	J. 르 고프 外 / 최애리	8,000원
44	쾌락의 횡포·상	J. C. 기유보 / 김웅권	10,000원
45	쾌락의 횡포·하	J. C. 기유보 / 김웅권	10,000원
46	운디네와 지식의 불	B. 데스파냐 / 김웅권	8,000원
47	이성의 한가운데에서 — 이성과 신앙	A. 퀴노 / 최은영	6,000원
48	도덕적 명령	FORESEEN 연구소 / 우강택	6,000원
49	망각의 형태	M. 오제 / 김수경	6,000원
50	느리게 산다는 것의 의미·1	P. 쌍소 / 김주경	7,000원
51	나만의 자유를 찾아서	C. 토마스 / 문신원	6,000원
52	음악적 삶의 의미	M. 존스 / 송인영	근간
53	나의 철학 유언	J. 기통 / 권유현	8,000원
54	타르튀프 / 서민귀족 〔희곡〕	몰리에르 / 덕성여대극예술비교연구회	8,000원
55	판타지 공장	A. 플라워즈 / 박범수	10,000원
56	홍수·상 〔완역판〕	J. M. G. 르 클레지오 / 신미경	8,000원
57	홍수·하 〔완역판〕	J. M. G. 르 클레지오 / 신미경	8,000원
58	일신교 — 성경과 철학자들	E. 오르티그 / 전광호	6,000원
59	프랑스 시의 이해	A. 바이양 / 김다은·이혜지	8,000원
60	종교철학	J. P. 힉 / 김희수	10,000원
61	고요함의 폭력	V. 포레스테 / 박은영	8,000원
62	고대 그리스의 시민	C. 모세 / 김덕희	7,000원
63	미학개론 — 예술철학입문	A. 셰퍼드 / 유호전	10,000원
64	논증 — 담화에서 사고까지	G. 비뇨 / 임기대	6,000원
65	역사 — 성찰된 시간	F. 도스 / 김미겸	7,000원
66	비교문학개요	F. 클로동·K. 아다-보트링 / 김정란	8,000원
67	남성지배	P. 부르디외 / 김용숙	개정판 10,000원
68	호모사피언스에서 인터렉티브인간으로	FORESEEN 연구소 / 공나리	8,000원
69	상투어 — 언어·담론·사회	R. 아모시·A. H. 피에로 / 조성애	9,000원
70	우주론이란 무엇인가	P. 코올즈 / 송형석	8,000원
71	푸코 읽기	P. 빌루에 / 나길래	8,000원
72	문학논술	J. 파프·D. 로쉬 / 권종분	8,000원
73	한국전통예술개론	沈雨晟	10,000원
74	시학 — 문학 형식 일반론 입문	D. 퐁텐 / 이용주	8,000원
75	진리의 길	A. 보다르 / 김승철·최정아	9,000원
76	동물성 — 인간의 위상에 관하여	D. 르스텔 / 김승철	6,000원
77	랑가쥬 이론 서설	L. 옐름슬레우 / 김용숙·김혜련	10,000원
78	잔혹성의 미학	F. 토넬리 / 박형섭	9,000원
79	문학 텍스트의 정신분석	M. J. 벨멩-노엘 / 심재중·최애영	9,000원
80	무관심의 절정	J. 보드리야르 / 이은민	8,000원
81	영원한 황홀	P. 브뤼크네르 / 김웅권	9,000원
82	노동의 종말에 반하여	D. 슈나페르 / 김교신	6,000원
83	프랑스영화사	J. -P. 장콜라 / 김혜련	8,000원

84	조와(弔蛙)	金敎臣 / 노치준 · 민혜숙	8,000원
85	역사적 관점에서 본 시네마	J. -L. 뢰트라 / 곽노경	8,000원
86	욕망에 대하여	M. 슈벨 / 서민원	8,000원
87	산다는 것의 의미 · 1—여분의 행복	P. 쌍소 / 김주경	7,000원
88	철학 연습	M. 아롱델-로오 / 최은영	8,000원
89	삶의 기쁨들	D. 노게 / 이은민	6,000원
90	이탈리아영화사	L. 스키파노 / 이주현	8,000원
91	한국문화론	趙興胤	10,000원
92	현대연극미학	M. -A. 샤르보니에 / 홍지화	8,000원
93	느리게 산다는 것의 의미 · 2	P. 쌍소 / 김주경	7,000원
94	진정한 모럴은 모럴을 비웃는다	A. 에슈고엔 / 김웅권	8,000원
95	한국종교문화론	趙興胤	10,000원
96	근원적 열정	L. 이리가라이 / 박정오	9,000원
97	라캉, 주체 개념의 형성	B. 오질비 / 김 석	9,000원
98	미국식 사회 모델	J. 바이스 / 김종명	7,000원
99	소쉬르와 언어과학	P. 가데 / 김용숙 · 임정혜	10,000원
100	철학적 기본 개념	R. 페르버 / 조국현	8,000원
101	맞불	P. 부르디외 / 현택수	10,000원
102	글렌 굴드, 피아노 솔로	M. 슈나이더 / 이창실	7,000원
103	문학비평에서의 실험	C. S. 루이스 / 허 종	8,000원
104	코뿔소 〔희곡〕	E. 이오네스코 / 박형섭	8,000원
105	지각—감각에 관하여	R. 바르바라 / 공정아	7,000원
106	철학이란 무엇인가	E. 크레이그 / 최생열	8,000원
107	경제, 거대한 사탄인가?	P. -N. 지로 / 김교신	7,000원
108	딸에게 들려 주는 작은 철학	R. 시몬 셰퍼 / 안상원	7,000원
109	도덕에 관한 에세이	C. 로슈 · J. -J. 바레르 / 고수현	6,000원
110	프랑스 고전비극	B. 클레망 / 송민숙	8,000원
111	고전수사학	G. 위딩 / 박성철	10,000원
112	유토피아	T. 파코 / 조성애	7,000원
113	쥐비알	A. 자르댕 / 김남주	7,000원
114	증오의 모호한 대상	J. 아순 / 김승철	8,000원
115	개인—주체철학에 대한 고찰	A. 르노 / 장정아	7,000원
116	이슬람이란 무엇인가	M. 루스벤 / 최생열	8,000원
117	테러리즘의 정신	J. 보드리야르 / 배영달	8,000원
118	역사란 무엇인가	존 H. 아널드 / 최생열	8,000원
119	느리게 산다는 것의 의미 · 3	P. 쌍소 / 김주경	7,000원
120	문학과 정치 사상	P. 페티티에 / 이종민	8,000원
121	가장 아름다운 하나님 이야기	A. 보테르 外 / 주태환	8,000원
122	시민 교육	P. 카니베즈 / 박주원	9,000원
123	스페인영화사	J.- C. 스갱 / 정동섭	8,000원
124	인터넷상에서—행동하는 지성	H. L. 드레퓌스 / 정혜욱	9,000원
125	내 몸의 신비—세상에서 가장 큰 기적	A. 지오르당 / 이규식	7,000원

126	세 가지 생태학	F. 가타리 / 윤수종	8,000원
127	모리스 블랑쇼에 대하여	E. 레비나스 / 박규현	9,000원
128	위뷔 왕 〔희곡〕	A. 자리 / 박형섭	8,000원
129	번영의 비참	P. 브뤼크네르 / 이창실	8,000원
130	무사도란 무엇인가	新渡戶稻造 / 沈雨晟	7,000원
131	꿈과 공포의 미로 〔소설〕	A. 라히미 / 김주경	8,000원
132	문학은 무슨 소용이 있는가?	D. 살나브 / 김교신	7,000원
133	종교에 대하여—행동하는 지성	존 D. 카푸토 / 최생열	9,000원
134	노동사회학	M. 스트루방 / 박주원	8,000원
135	맞불·2	P. 부르디외 / 김교신	10,000원
136	믿음에 대하여—행동하는 지성	S. 지제크 / 최생열	9,000원
137	법, 정의, 국가	A. 기그 / 민혜숙	8,000원
138	인식, 상상력, 예술	E. 아카마츄 / 최돈호	근간
139	위기의 대학	ARESER / 김교신	10,000원
140	카오스모제	F. 가타리 / 윤수종	10,000원
141	코란이란 무엇인가	M. 쿡 / 이강훈	9,000원
142	신학이란 무엇인가	D. 포드 / 강혜원·노치준	9,000원
143	누보 로망, 누보 시네마	C. 뮈르시아 / 이창실	8,000원
144	지능이란 무엇인가	I. J. 디어리 / 송형석	10,000원
145	죽음—유한성에 관하여	F. 다스튀르 / 나길래	8,000원
146	철학에 입문하기	Y. 카탱 / 박선주	8,000원
147	지옥의 힘	J. 보드리야르 / 배영달	8,000원
148	철학 기초 강의	F. 로피 / 공나리	8,000원
149	시네마토그래프에 대한 단상	R. 브레송 / 오일환·김경온	9,000원
150	성서란 무엇인가	J. 리치스 / 최생열	10,000원
151	프랑스 문학사회학	신미경	8,000원
152	잡사와 문학	F. 에브라르 / 최정아	10,000원
153	세계의 폭력	J. 보드리야르·E. 모랭 / 배영달	9,000원
154	잠수복과 나비	J. -D. 보비 / 양영란	6,000원
155	고전 할리우드 영화	J. 나카시 / 최은영	10,000원
156	마지막 말, 마지막 미소	B. 드 카스텔바자크 / 김승철·장정아	근간
157	몸의 시학	J. 피죠 / 김선미	10,000원
158	철학의 기원에 관하여	C. 콜로베르 / 김정란	8,000원
159	지혜에 대한 숙고	J. -M. 베스니에르 / 곽노경	8,000원
160	자연주의 미학과 시학	조성애	10,000원
161	소설 분석—현대적 방법론과 기법	B. 발레트 / 조성애	10,000원
162	사회학이란 무엇인가	S. 브루스 / 김경안	근간
163	인도철학입문	S. 헤밀턴 / 고길환	근간
164	심리학이란 무엇인가	G. 버틀러·F. 맥마누스 / 이재현	근간
165	발자크 비평	J. 줄레즈 / 이정민	근간
166	결별을 위하여	G. 마츠네프 / 권은희·최은희	근간
167	인류학이란 무엇인가	J. 모나건 外 / 김경안	근간

168 세계화의 불안	Z. 라이디 / 김종명	8,000원
169 음악이란 무엇인가	N. 쿡 / 장호연	10,000원
170 사랑과 우연의 장난 〔희곡〕	마리보 / 박형섭	10,000원
171 사진의 이해	G. 보레 / 박은영	근간
172 현대인의 사랑과 성	현택수	9,000원
173 성해방은 진행중인가?	M. 이아퀴브 / 권은희	10,000원
174 교육은 자기 교육이다	H. -G. 가다머 / 손승남	10,000원
175 밤 끝으로의 여행	L. -F. 셀린느 / 이형식	19,000원
176 프랑스 지성인들의 '12월'	J. 뒤발 外 / 김영모	10,000원
177 환대에 대하여	J. 데리다 / 남수인	13,000원
178 언어철학	J. P. 레스베베르 / 이경래	10,000원
179 푸코와 광기	F. 그로 / 김웅권	10,000원
180 사물들과 철학하기	R. -P. 드루아 / 박선주	10,000원
300 아이들에게 설명하는 이혼	P. 루카스 · S. 르로이 / 이은민	8,000원
301 아이들에게 들려주는 인도주의	J. 마무 / 이은민	근간
302 아이들에게 설명해 주는 죽음	E. 위스망 페렝 / 김미정	근간
303 아이들에게 들려주는 선사시대 이야기	J. 클로드 / 김교신	8,000원
304 아이들에게 들려주는 이슬람 이야기	T. 벤 젤룬 / 김교신	8,000원

【東文選 文藝新書】

1 저주받은 詩人들	A. 뻬이르 / 최수철 · 김종호	개정근간
2 민속문화론서설	沈雨晟	40,000원
3 인형극의 기술	A. 훼도토프 / 沈雨晟	8,000원
4 전위연극론	J. 로스 에반스 / 沈雨晟	12,000원
5 남사당패연구	沈雨晟	19,000원
6 현대영미희곡선(전4권)	N. 코워드 外 / 李辰洙	절판
7 행위예술	L. 골드버그 / 沈雨晟	절판
8 문예미학	蔡 儀 / 姜慶鎬	절판
9 神의 起源	何 新 / 洪 熹	16,000원
10 중국예술정신	徐復觀 / 權德周 外	24,000원
11 中國古代書史	錢存訓 / 金允子	14,000원
12 이미지 — 시각과 미디어	J. 버거 / 편집부	15,000원
13 연극의 역사	P. 하트놀 / 沈雨晟	절판
14 詩 論	朱光潛 / 鄭相泓	22,000원
15 탄트라	A. 무케르지 / 金龜山	16,000원
16 조선민족무용기본	최승희	15,000원
17 몽고문화사	D. 마이달 / 金龜山	8,000원
18 신화 미술 제사	張光直 / 李 徹	10,000원
19 아시아 무용의 인류학	宮尾慈良 / 沈雨晟	20,000원
20 아시아 민족음악순례	藤井知昭 / 沈雨晟	5,000원
21 華夏美學	李澤厚 / 權 瑚	20,000원
22 道	張立文 / 權 瑚	18,000원

23 朝鮮의 占卜과 豫言	村山智順 / 金禧慶	28,000원
24 원시미술	L. 아담 / 金仁煥	16,000원
25 朝鮮民俗誌	秋葉隆 / 沈雨晟	12,000원
26 神話의 이미지	J. 캠벨 / 扈承喜	근간
27 原始佛敎	中村元 / 鄭泰爀	8,000원
28 朝鮮女俗考	李能和 / 金尙憶	24,000원
29 朝鮮解語花史(조선기생사)	李能和 / 李在崑	25,000원
30 조선창극사	鄭魯湜	17,000원
31 동양회화미학	崔炳植	18,000원
32 性과 결혼의 민족학	和田正平 / 沈雨晟	9,000원
33 農漁俗談辭典	宋在璇	12,000원
34 朝鮮의 鬼神	村山智順 / 金禧慶	12,000원
35 道敎와 中國文化	葛兆光 / 沈揆昊	15,000원
36 禪宗과 中國文化	葛兆光 / 鄭相泓·任炳權	8,000원
37 오페라의 역사	L. 오레이 / 류연희	절판
38 인도종교미술	A. 무케르지 / 崔炳植	14,000원
39 힌두교의 그림언어	안넬리제 外 / 全在星	9,000원
40 중국고대사회	許進雄 / 洪 熹	30,000원
41 중국문화개론	李宗桂 / 李宰碩	23,000원
42 龍鳳文化源流	王大有 / 林東錫	25,000원
43 甲骨學通論	王宇信 / 李宰碩	40,000원
44 朝鮮巫俗考	李能和 / 李在崑	20,000원
45 미술과 페미니즘	N. 부루드 外 / 扈承喜	9,000원
46 아프리카미술	P. 윌레뜨 / 崔炳植	절판
47 美의 歷程	李澤厚 / 尹壽榮	28,000원
48 曼荼羅의 神들	立川武藏 / 金龜山	19,000원
49 朝鮮歲時記	洪錫謨 外/李錫浩	30,000원
50 하 상	蘇曉康 外 / 洪 熹	절판
51 武藝圖譜通志 實技解題	正　祖 / 沈雨晟·金光錫	15,000원
52 古文字學첫걸음	李學勤 / 河永三	14,000원
53 體育美學	胡小明 / 閔永淑	18,000원
54 아시아 美術의 再發見	崔炳植	9,000원
55 曆과 占의 科學	永田久 / 沈雨晟	8,000원
56 中國小學史	胡奇光 / 李宰碩	20,000원
57 中國甲骨學史	吳浩坤 外 / 梁東淑	35,000원
58 꿈의 철학	劉文英 / 河永三	22,000원
59 女神들의 인도	立川武藏 / 金龜山	19,000원
60 性의 역사	J. L. 플랑드렝 / 편집부	18,000원
61 쉬르섹슈얼리티	W. 챠드윅 / 편집부	10,000원
62 여성속담사전	宋在璇	18,000원
63 박재서희곡선	朴栽緖	10,000원
64 東北民族源流	孫進已 / 林東錫	13,000원

65	朝鮮巫俗의 硏究(상·하)	赤松智城·秋葉隆 / 沈雨晟	28,000원
66	中國文學 속의 孤獨感	斯波六郎 / 尹壽榮	8,000원
67	한국사회주의 연극운동사	李康列	8,000원
68	스포츠인류학	K. 블랑챠드 外 / 박기동 外	12,000원
69	리조복식도감	리팔찬	20,000원
70	娼 婦	A. 꼬르벵 / 李宗旼	22,000원
71	조선민요연구	高晶玉	30,000원
72	楚文化史	張正明 / 南宗鎭	26,000원
73	시간, 욕망, 그리고 공포	A. 코르뱅 / 변기찬	18,000원
74	本國劍	金光錫	40,000원
75	노트와 반노트	E. 이오네스코 / 박형섭	20,000원
76	朝鮮美術史研究	尹喜淳	7,000원
77	拳法要訣	金光錫	30,000원
78	艸衣選集	艸衣意恂 / 林鍾旭	20,000원
79	漢語音韻學講義	董少文 / 林東錫	10,000원
80	이오네스코 연극미학	C. 위베르 / 박형섭	9,000원
81	중국문자훈고학사전	全廣鎭 편역	23,000원
82	상말속담사전	宋在璇	10,000원
83	書法論叢	沈尹默 / 郭魯鳳	16,000원
84	침실의 문화사	P. 디비 / 편집부	9,000원
85	禮의 精神	柳 肅 / 洪 熹	20,000원
86	조선공예개관	沈雨晟 편역	30,000원
87	性愛의 社會史	J. 솔레 / 李宗旼	18,000원
88	러시아미술사	A. I. 조토프 / 이건수	22,000원
89	中國書藝論文選	郭魯鳳 選譯	25,000원
90	朝鮮美術史	關野貞 / 沈雨晟	30,000원
91	美術版 탄트라	P. 로슨 / 편집부	8,000원
92	군달리니	A. 무케르지 / 편집부	9,000원
93	카마수트라	바짜야나 / 鄭泰爀	18,000원
94	중국언어학총론	J. 노먼 / 全廣鎭	28,000원
95	運氣學說	任應秋 / 李宰碩	15,000원
96	동물속담사전	宋在璇	20,000원
97	자본주의의 아비투스	P. 부르디외 / 최종철	10,000원
98	宗教學入門	F. 막스 뮐러 / 金龜山	10,000원
99	변 화	P. 바츨라빅크 外 / 박인철	10,000원
100	우리나라 민속놀이	沈雨晟	15,000원
101	歌訣(중국역대명언경구집)	李宰碩 편역	20,000원
102	아니마와 아니무스	A. 융 / 박해순	8,000원
103	나, 너, 우리	L. 이리가라이 / 박정오	12,000원
104	베케트연극론	M. 푸크레 / 박형섭	8,000원
105	포르노그래피	A. 드워킨 / 유혜련	12,000원
106	셸 링	M. 하이데거 / 최상욱	12,000원

107 프랑수아 비용	宋 勉	18,000원
108 중국서예 80제	郭魯鳳 편역	16,000원
109 性과 미디어	W. B. 키 / 박해순	12,000원
110 中國正史朝鮮列國傳(전2권)	金聲九 편역	120,000원
111 질병의 기원	T. 매큐언 / 서 일 · 박종연	12,000원
112 과학과 젠더	E. F. 켈러 / 민경숙 · 이현주	10,000원
113 물질문명 · 경제 · 자본주의	F. 브로델 / 이문숙 外	절판
114 이탈리아인 태고의 지혜	G. 비코 / 李源斗	8,000원
115 中國武俠史	陳 山 / 姜鳳求	18,000원
116 공포의 권력	J. 크리스테바 / 서민원	23,000원
117 주색잡기속담사전	宋在璇	15,000원
118 죽음 앞에 선 인간(상 · 하)	P. 아리에스 / 劉仙子	각권 8,000원
119 철학에 대하여	L. 알튀세르 / 서관모 · 백승욱	12,000원
120 다른 곶	J. 데리다 / 김다은 · 이혜지	10,000원
121 문학비평방법론	D. 베르제 外 / 민혜숙	12,000원
122 자기의 테크놀로지	M. 푸코 / 이희원	16,000원
123 새로운 학문	G. 비코 / 李源斗	22,000원
124 천재와 광기	P. 브르노 / 김웅권	13,000원
125 중국은사문화	馬 華 · 陳正宏 / 강경범 · 천현경	12,000원
126 푸코와 페미니즘	C. 라마자노글루 外 / 최 영 外	16,000원
127 역사주의	P. 해밀턴 / 임옥희	12,000원
128 中國書藝美學	宋 民 / 郭魯鳳	16,000원
129 죽음의 역사	P. 아리에스 / 이종민	18,000원
130 돈속담사전	宋在璇 편	15,000원
131 동양극장과 연극인들	김영무	15,000원
132 生育神과 性巫術	宋兆麟 / 洪 熹	20,000원
133 미학의 핵심	M. M. 이턴 / 유호전	20,000원
134 전사와 농민	J. 뒤비 / 최생열	18,000원
135 여성의 상태	N. 에니크 / 서민원	22,000원
136 중세의 지식인들	J. 르 고프 / 최애리	18,000원
137 구조주의의 역사(전4권)	F. 도스 / 김웅권 外	Ⅰ·Ⅱ·Ⅳ 15,000원 / Ⅲ 18,000원
138 글쓰기의 문제해결전략	L. 플라워 / 원진숙 · 황정현	20,000원
139 음식속담사전	宋在璇 편	16,000원
140 고전수필개론	權 瑚	16,000원
141 예술의 규칙	P. 부르디외 / 하태환	23,000원
142 "사회를 보호해야 한다"	M. 푸코 / 박정자	20,000원
143 페미니즘사전	L. 터틀 / 호승희 · 유혜련	26,000원
144 여성심벌사전	B. G. 워커 / 정소영	근간
145 모데르니테 모데르니테	H. 메쇼닉 / 김다은	20,000원
146 눈물의 역사	A. 벵상뷔포 / 이자경	18,000원
147 모더니티입문	H. 르페브르 / 이종민	24,000원
148 재생산	P. 부르디외 / 이상호	23,000원

149 종교철학의 핵심	W. J. 웨인라이트 / 김희수	18,000원
150 기호와 몽상	A. 시몽 / 박형섭	22,000원
151 융분석비평사전	A. 새뮤얼 外 / 민혜숙	16,000원
152 운보 김기창 예술론연구	최병식	14,000원
153 시적 언어의 혁명	J. 크리스테바 / 김인환	20,000원
154 예술의 위기	Y. 미쇼 / 하태환	15,000원
155 프랑스사회사	G. 뒤프 / 박 단	16,000원
156 중국문예심리학사	劉偉林 / 沈揆昊	30,000원
157 무지카 프라티카	M. 캐넌 / 김혜중	25,000원
158 불교산책	鄭泰爀	20,000원
159 인간과 죽음	E. 모랭 / 김명숙	23,000원
160 地中海(전5권)	F. 브로델 / 李宗旼	근간
161 漢語文字學史	黃德實·陳秉新 / 河永三	24,000원
162 글쓰기와 차이	J. 데리다 / 남수인	28,000원
163 朝鮮神事誌	李能和 / 李在崑	근간
164 영국제국주의	S. C. 스미스 / 이태숙·김종원	16,000원
165 영화서술학	A. 고드로·F. 조스트 / 송지연	17,000원
166 美學辭典	사사키 겡이치 / 민주식	22,000원
167 하나이지 않은 성	L. 이리가라이 / 이은민	18,000원
168 中國歷代書論	郭魯鳳 譯註	25,000원
169 요가수트라	鄭泰爀	15,000원
170 비정상인들	M. 푸코 / 박정자	25,000원
171 미친 진실	J. 크리스테바 外 / 서민원	25,000원
172 디스탱숑(상·하)	P. 부르디외 / 이종민	근간
173 세계의 비참(전3권)	P. 부르디외 外 / 김주경	각권 26,000원
174 수묵의 사상과 역사	崔炳植	근간
175 파스칼적 명상	P. 부르디외 / 김웅권	22,000원
176 지방의 계몽주의	D. 로슈 / 주명철	30,000원
177 이혼의 역사	R. 필립스 / 박범수	25,000원
178 사랑의 단상	R. 바르트 / 김희영	20,000원
179 中國書藝理論體系	熊秉明 / 郭魯鳳	23,000원
180 미술시장과 경영	崔炳植	16,000원
181 카프카 — 소수적인 문학을 위하여	G. 들뢰즈·F. 가타리 / 이진경	18,000원
182 이미지의 힘 — 영상과 섹슈얼리티	A. 쿤 / 이형식	13,000원
183 공간의 시학	G. 바슐라르 / 곽광수	23,000원
184 랑데부 — 이미지와의 만남	J. 버거 / 임옥희·이은경	18,000원
185 푸코와 문학 — 글쓰기의 계보학을 향하여	S. 듀링 / 오경심·홍유미	26,000원
186 각색, 연극에서 영화로	A. 엘보 / 이선형	16,000원
187 폭력과 여성들	C. 도펭 外 / 이은민	18,000원
188 하드 바디 — 할리우드 영화에 나타난 남성성	S. 제퍼드 / 이형식	18,000원
189 영화의 환상성	J.-L. 뢰트라 / 김경온·오일환	18,000원
190 번역과 제국	D. 로빈슨 / 정혜욱	16,000원

191	그라마톨로지에 대하여	J. 데리다 / 김웅권	35,000원
192	보건 유토피아	R. 브로만 外 / 서민원	20,000원
193	현대의 신화	R. 바르트 / 이화여대기호학연구소	20,000원
194	중국회화백문백답	郭魯鳳	근간
195	고서화감정개론	徐邦達 / 郭魯鳳	30,000원
196	상상의 박물관	A. 말로 / 김웅권	26,000원
197	부빈의 일요일	J. 뒤비 / 최생열	22,000원
198	아인슈타인의 최대 실수	D. 골드스미스 / 박범수	16,000원
199	유인원, 사이보그, 그리고 여자	D. 해러웨이 / 민경숙	25,000원
200	공동생활 속의 개인주의	F. 드 생글리 / 최은영	20,000원
201	기식자	M. 세르 / 김웅권	24,000원
202	연극미학 — 플라톤에서 브레히트까지의 텍스트들	J. 셰레 外 / 홍지화	24,000원
203	철학자들의 신	W. 바이셰델 / 최상욱	34,000원
204	고대 세계의 정치	모제스 I. 핀레이 / 최생열	16,000원
205	프란츠 카프카의 고독	M. 로베르 / 이창실	18,000원
206	문화 학습 — 실천적 입문서	J. 자일스 · T. 미들턴 / 장성희	24,000원
207	호모 아카데미쿠스	P. 부르디외 / 임기대	29,000원
208	朝鮮槍棒教程	金光錫	40,000원
209	자유의 순간	P. M. 코헨 / 최하영	16,000원
210	밀교의 세계	鄭泰爀	16,000원
211	토탈 스크린	J. 보드리야르 / 배영달	19,000원
212	영화와 문학의 서술학	F. 바누아 / 송지연	22,000원
213	텍스트의 즐거움	R. 바르트 / 김희영	15,000원
214	영화의 직업들	B. 라트롱슈 / 김경온 · 오일환	16,000원
215	소설과 신화	이용주	15,000원
216	문화와 계급 — 부르디외와 한국 사회	홍성민 外	18,000원
217	작은 사건들	R. 바르트 / 김주경	14,000원
218	연극분석입문	J.-P. 링가르 / 박형섭	18,000원
219	푸코	G. 들뢰즈 / 허 경	17,000원
220	우리나라 도자기와 가마터	宋在璇	30,000원
221	보이는 것과 보이지 않는 것	M. 퐁티 / 남수인 · 최의영	30,000원
222	메두사의 웃음/출구	H. 식수 / 박혜영	19,000원
223	담화 속의 논증	R. 아모시 / 장인봉	20,000원
224	포켓의 형태	J. 버거 / 이영주	근간
225	이미지심벌사전	A. 드 브리스 / 이원두	근간
226	이데올로기	D. 호크스 / 고길환	16,000원
227	영화의 이론	B. 발라즈 / 이형식	20,000원
228	건축과 철학	J. 보드리야르 · J. 누벨 / 배영달	16,000원
229	폴 리쾨르 — 삶의 의미들	F. 도스 / 이봉지 外	근간
230	서양철학사	A. 케니 / 이영주	29,000원
231	근대성과 육체의 정치학	D. 르 브르통 / 홍성민	20,000원
232	허난설헌	金成南	16,000원

233	인터넷 철학	G. 그레이엄 / 이영주	15,000원
234	사회학의 문제들	P. 부르디외 / 신미경	23,000원
235	의학적 추론	A. 시쿠렐 / 서민원	20,000원
236	튜링 — 인공지능 창시자	J. 라세구 / 임기대	16,000원
237	이성의 역사	F. 샤틀레 / 심세광	16,000원
238	朝鮮演劇史	金在喆	22,000원
239	미학이란 무엇인가	M. 지므네즈 / 김웅권	23,000원
240	古文字類編	高 明	40,000원
241	부르디외 사회학 이론	L. 핀토 / 김용숙·김은희	20,000원
242	문학은 무슨 생각을 하는가?	P. 마슈레 / 서민원	23,000원
243	행복해지기 위해 무엇을 배워야 하는가?	A. 우지오 外 / 김교신	18,000원
244	영화와 회화: 탈배치	P. 보니체 / 홍지화	18,000원
245	영화 학습 — 실천적 지표들	F. 바누아 外 / 문신원	16,000원
246	회화 학습 — 실천적 지표들	F. 기블레 / 고수현	근간
247	영화미학	J. 오몽 外 / 이용주	24,000원
248	시 — 형식과 기능	J. L. 주베르 / 김경온	근간
249	우리나라 옹기	宋在璇	40,000원
250	검은 태양	J. 크리스테바 / 김인환	27,000원
251	어떻게 더불어 살 것인가	R. 바르트 / 김웅권	28,000원
252	일반 교양 강좌	E. 코바 / 송대영	23,000원
253	나무의 철학	R. 뒤마 / 송형석	29,000원
254	영화에 대하여 — 에이리언과 영화철학	S. 멀할 / 이영주	18,000원
255	문학에 대하여 — 행동하는 지성	H. 밀러 / 최은주	16,000원
256	미학 연습 — 플라톤에서 에코까지	임우영 外 편역	18,000원
257	조희룡 평전	김영회 外	18,000원
258	역사철학	F. 도스 / 최생열	23,000원
259	철학자들의 동물원	A. L. 브라 쇼파르 / 문신원	22,000원
260	시각의 의미	J. 버거 / 이용은	24,000원
261	들뢰즈	A. 괄란디 / 임기대	13,000원
262	문학과 문화 읽기	김종갑	16,000원
263	과학에 대하여 — 행동하는 지성	B. 리들리 / 이영주	근간
264	장 지오노와 서술 이론	송지연	18,000원
265	영화의 목소리	M. 시옹 / 박선주	20,000원
266	사회보장의 발명	J. 동즐로 / 주형일	근간
267	이미지와 기호	M. 졸리 / 이선형	22,000원
268	위기의 식물	J. M. 펠트 / 이충건	근간
269	중국 소수민족의 원시종교	洪 熹	18,000원
270	영화감독들의 영화 이론	J. 오몽 / 곽동준	22,000원
271	중첩	J. 들뢰즈·C. 베네 / 허희정	18,000원
272	대담 — 디디에 에리봉과의 자전적 인터뷰	J. 뒤메질 / 송대영	근간
273	중립	R. 바르트 / 김웅권	30,000원
274	알퐁스 도데의 문학과 프로방스 문화	이종민	16,000원

275	우리말 釋迦如來行蹟頌	高麗 無寄 / 金月雲	18,000원
276	金剛經講話	金月雲 講述	18,000원
277	자유와 결정론	O. 브르니피에 外 / 최은영	16,000원
278	도리스 레싱: 20세기 여성의 초상	민경숙	24,000원
279	기독교윤리학의 이론과 방법론	김희수	24,000원
280	과학에서 생각하는 주제 100가지	I. 스탕저 外 / 김웅권	21,000원
281	말로와 소설의 상징시학	김웅권	22,000원
282	키에르케고르	C. 르 블랑 / 이창실	14,000원
283	시나리오 쓰기의 이론과 실제	A. 로슈 外 / 이용주	25,000원
284	조선사회경제사	白南雲 / 沈雨晟	30,000원
285	이성과 감각	O. 브르니피에 外 / 이은민	16,000원
286	행복의 단상	C. 앙드레 / 김교신	20,000원
287	삶의 의미 — 행동하는 지성	J. 코팅햄 / 강혜원	16,000원
288	안티고네의 주장	J. 버틀러 / 조현순	14,000원
289	예술 영화 읽기	이선형	19,000원
290	달리는 꿈, 자동차의 역사	P. 치글러 / 조국현	17,000원
291	매스커뮤니케이션과 사회	현택수	17,000원
292	교육론	J. 피아제 / 이병애	22,000원
1001	베토벤: 전원교향곡	D. W. 존스 / 김지순	15,000원
1002	모차르트: 하이든 현악 4중주곡	J. 어빙 / 김지순	14,000원
1003	베토벤: 에로이카 교향곡	T. 시프 / 김지순	18,000원
1004	모차르트: 주피터 교향곡	E. 시스먼 / 김지순	18,000원
1005	바흐: 브란덴부르크 협주곡	M. 보이드 / 김지순	18,000원
1006	바흐: B단조 미사	J. 버트 / 김지순	18,000원
2001	우리 아이들에게 어떤 지표를 주어야 할까?	J. L. 오베르 / 이창실	16,000원
2002	상처받은 아이들	N. 파브르 / 김주경	16,000원
2003	엄마 아빠, 꿈꿀 시간을 주세요!	E. 부젱 / 박주원	16,000원
2004	부모가 알아야 할 유치원의 모든 것들	N. 뒤 소수아 / 전재민	18,000원
2005	부모들이여, '안 돼'라고 말하라!	P. 들라로슈 / 김주경	19,000원
2006	엄마 아빠, 전 못하겠어요!	E. 리공 / 이창실	18,000원
3001	《새》	C. 파글리아 / 이형식	13,000원
3002	《시민 케인》	L. 멀비 / 이형식	13,000원
3101	《제7의 봉인》 비평 연구	E. 그랑조르주 / 이은민	17,000원
3102	《쥘과 짐》 비평 연구	C. 르 베르 / 이은민	18,000원
3103	《시민 케인》 비평 연구	J. 루아 / 이용주	15,000원

【기 타】

▨ 모드의 체계	R. 바르트 / 이화여대기호학연구소	18,000원
▨ 라신에 관하여	R. 바르트 / 남수인	10,000원
▨ 說 苑 (上·下)	林東錫 譯註	각권 30,000원
▨ 晏子春秋	林東錫 譯註	30,000원
▨ 西京雜記	林東錫 譯註	20,000원

東文選 文藝新書 170

비정상인들

1974-1975, 콜레주 드 프랑스에서의 강의

미셸 푸코

박정자 옮김

비정상이란 도대체 무엇일까? 하나의 사회는 자신의 구성원 중에서 밀쳐내고, 무시하고, 잊어버리고 싶은 부분이 있다. 그것이 어느 때는 나환자나 페스트 환자였고, 또 어느 때는 광인이나 부랑자였다.

《비정상인들》은 역사 속에서 모습을 보인 모든 비정상인들에 대한 고고학적 작업이며, 또 이들을 이용해 의학 권력이 된 정신의학의 계보학이다.

콜레주 드 프랑스에서 1975년 1월부터 3월까지 행해진 강의 《비정상인들》은 미셸 푸코가 1970년 이래, 특히 《사회를 보호해야 한다》에서 앎과 권력의 문제에 바쳤던 분석들을 집중적으로 추구하고 있다. 앎과 권력의 문제란 규율 권력, 규격화 권력, 그리고 생체-권력이다. 푸코가 소위 19세기에 '비정상인들'로 불렸던 '위험한' 개인들의 문제에 접근한 것은 수많은 신학적 · 법률적 · 의학적 자료들에서부터였다. 이 자료들에서 그는 중요한 세 인물을 끌어냈는데, 그것은 괴물, 교정(矯正) 불가능자, 자위 행위자였다. 괴물은 사회적 규범과 자연의 법칙에 대한 참조에서 나왔고, 교정 불가능자는 새로운 육체 훈련 장치가 떠맡았으며, 자위 행위자는 18세기 이래 근대 가정의 규율화를 겨냥한 대대적인 캠페인의 근거가 되었다. 푸코의 분석들은 1950년대까지 시행되던 법-의학감정서를 출발점으로 삼고 있다. 이어서 그는 고백 성사와 양심 지도 기술(技術)에서부터 욕망과 충동의 고고학을 시작했다. 이렇게 해서 그는 그후의 콜레주 드 프랑스 강의 또는 저서에서 다시 선택되고, 수정되고, 다듬어질 작업의 이론적 · 역사적 전제들을 마련했다. 이 강의는 그러니까 푸코의 연구가 형성되고, 확장되고, 전개되는 과정을 추적하는 데 있어서 결코 빼놓을 수 없는 필수 불가결의 자료이다.